세계의 석학들, 우크라이나 사태를 말하다

촘스키 편

일러두기 Notes

1. 이 책은 촘스키 교수가 인터뷰한 12개의 영상을 바탕으로 쓰여졌습니다.
   This book was based on 12 video interviews with Professor Noam Chomsky.

2. 모든 인용문에는 독자가 바로 인터뷰 영상을 볼 수 있도록 QR코드를 삽입하였습니다.
   A QR code accompanies all quotations from video interviews directing the reader to their respective video for immediate viewing.

3. 이 책의 인용문은 저작권자의 동의 절차 하에 사용되었습니다. 하지만, 일부의 인용문은 저작권자와 연락이 닿지 않아 임의로 게재한 경우가 있으니 연락을 주시면 정식으로 동의 절차를 밟도록 하겠습니다.
   Any quoted content in this book was used with the consent of the copyright holders. However, as a copyright holder, should you feel that your content was used arbitrarily, please contact us to process the required permission formally.

4. 이 책의 수익금의 일부는 촘스키 교수와의 협의에 따라 인권단체에 기부됩니다.
   A portion of the proceeds generated from this book will go to a charity that works toward the betterment of humanity of Professor Noam Chomsky's choice.

5. 이 책의 윗첨자 및 각주는 모두 편저자의 것임을 밝힙니다.
   All footnotes in this book belong to the author.

6. 이 책에 중요한 역사적 사료를 번역하여 부록으로 첨부하였으니 많은 독자와 연구자들이 유용하게 참고하시길 바랍니다.
   Readers and researchers may find more helpful and essential historical documents in the appendix.

우크라이나 사태를 말하다
세계의 석학들

촘스키 편

김선명 편저

뿌쉬낀하우스

이 책을 노엄 촘스키 교수님께 바칩니다.

I dedicate this book to Noam Chomsky, the linguist, philosopher, cognitive scientist, historical essayist, social critic, political activist, and most importantly, my friend.

목차

서문 10

프롤로그 17

노엄 촘스키, 우크라이나 사태를 말하다

01. "1인치도 동진하지 않겠다"
    - 고르바초프와 베이커의 1인치 회담   31

02. "러시아에 완충지대는 왜 필요한가"
    - 군사동맹 없는 유럽 공동체   44

03. "유럽에 나토가 왜 필요한가"
    - 핀란드와 스웨덴의 나토 가입   52

04. "우크라이나 전쟁에 우크라이나는 없다"
    - 이 전쟁은 대리전   63

05. "러시아는 도발되었다!"
    - '우크라 함정'에 빠진 러시아   73

06. "러시아를 약화시키라"
    - 서방의 프로파간다   85

07. "바이든은 왜 푸틴을 전범이라 부르는가"
　　- 미국의 대량학살 조약　　　　　　　　　　　　　　94

08. "140여 개국은 왜 경제제재에 참여하지 않는가"
　　- 실패한 경제제재　　　　　　　　　　　　　　　104

09. "화살은 중국을 향하고 있다"
　　- 나토의 중국 견제　　　　　　　　　　　　　　　114

10. "푸틴은 미국에게 큰 선물을 주었다"
　　- 황금 접시에 담긴 유럽　　　　　　　　　　　　125

11. "록히드 마틴과 엑손모빌을 기쁘게 하는 일은 이제 그만!"
　　- 환경 대재앙　　　　　　　　　　　　　　　　　133

12. "푸틴을 벼랑 끝으로 몰지 말라"
　　- 핵전쟁의 가능성　　　　　　　　　　　　　　　141

13. "세계 종말이냐, 평화 협상이냐"
　　- 이제 전쟁을 끝낼 때　　　　　　　　　　　　　149

14. "깨어있는 지성인이여, 실천하라"
　　- 재앙을 막을 수 있는 대중의 힘　　　　　　　　161

에필로그 173

부록

01. 부쿠레슈티 나토 정상회의 선언(2008년 4월 3일) 183

02. 나토 확장과 관련된 베이커-고르바초프
1인치 회담 전문(1990년 2월 9일) 202

03. 독일 통일과 관련된 2+4 외무장관 회담 전문
(1990년 9월 12일) 215

04. 미국-우크라이나의 전략적
파트너십에 대한 공동 성명(2021년 9월) 231

05. '한국의 우크라이나 무기 지원 반대'
한국 종교 시민사회단체 성명서(2022년 6월 21일) 239

06. "이것이 우크라이나 사태의 해답이다"
- 촘스키 인터뷰 전문 243

참고 자료 256

서문

촘스키 교수는 1928년에 우크라이나 출신 아버지와 벨라루스 출신 어머니 사이에서 태어났다. 미국 펜실베니아 주에서 출생한 촘스키 교수는 1955년 펜실베니아 대학에서 언어학으로 박사학위를 받고, 하버드 대학에서 4년간 박사학위 과정 일부를 수행하면서 "변형생성문법의 이론"[1957년]을 펴낸다. 1961년 MIT 언어학과 전임교수가 되면서 여러 저작활동을 통해 생성문법 이론을 발전시켜 나이 30대에 세계 최고의 언어학자가 된다. 그리고 2022년 현재에 이르기까지 MIT 교수로 재직하면서 80여 권의 저서와 1000여 편의 논문을 발표해오고 있다.

하지만 우리는 촘스키 교수를 학문적 성과에 비추어 언어학자나 인지과학자, 철학자로만 부르지 않는다. 베트남 전쟁 이후 1967년 "지성인의 의무[The Responsibility of Intellectuals]"라는 에세이를 필두로 사회비평가, 정치운동가, 아나키스트, 인권운동가로 변모했으며, 지금 이 순간까지 사회를 향한 자신의 신념과 태도를 꺾은 적이 없다. 많은 정치적 행동과 비평이 미국 제국주의 정책 비판과 인권옹호에 맞춰져 있기 때문에 여러 차례 협박과 위협을 받았음에도 불구하고, "나는 미국인이기에 미국을 비판할 권리를 가지고 있다."라고 말하며, 현재 94세의 고령의 나이임에도 불구하고 자신의 목소리를 소신 있게 외치는 학자 중의 학자, 운동가 중 운동가이다.

2022년 2월 24일 우크라이나 사태가 발발한 이래로 촘스키 교수는 많은 영상을 통해 우크라이나 사태를 다각적으로 볼 수 있도록 사고의 견지를 넓혀주었다. 자신의 우크라이나 사태의 해결방안뿐만 아니라 이 사태의 배경과 원인, 이 사태가 불러일으킬 수 있는 심각한 재앙, 그것을 막기 위해 미국 정부뿐만 아니라 개인이 노력해야 할 책무 등 우리가 예측할 수 있는 우크라이나 사태의 모습을 충분히 설명하였다. 십수 편의 인터뷰 영상을 통해 촘스키 교수는 우크라이나 사태에 대한 일관되고 지속적인 메시지를 전달하고 있는데, 그 메시지는 한 세기를 살아온 현자로서 후속 세대에 대한 애정 어린 충고이자 세계적 재앙 앞에서 정신을 바로잡아야 한다는 무서운 경고이기도 하다.

촘스키 교수는 진정한 세계적 석학이며, 이 시대의 살아있는 전설이다. 하지만 그 어떠한 찬사로도 그를 제대로 표현하기에는 부족하다. 톨스토이의 설교를 듣기 위해 19세기 말, 20세기 초 많은 인파가 그의 영지인 야스나야 폴랴나로 몰려들었듯, 이 세계가 직면한 재앙 앞에서 인류가 나아가야 할 바를 설파하는 촘스키 교수의 모습은 그 시대 톨스토이에 비견할 수 있을 것 같다. 이러한 비유는 그가 주장하는 내용이 단순히 미국의 제국주의 비판이 아니라 인류가 직면한 대재앙 앞에서 인간이 실존을 찾기 위해 무엇을 해야 하는지, 슈퍼파워인 미국이 어떠한 자세를 취해야 하는지 경고의 메시지를 던져주며, 특히 인권의 중요성을 호소하며 빈민국, 약소국을 대변할 뿐만 아니라 반전과 평화를 위해 끊임없는 활동을 해오고 있기 때문이다.

그는 석학이자 인권운동가로서 한결 같은 삶을 살았지만, 그 무엇보다도 덕망까지 갖춘 동양식의 성인군자이다. 고령의 나이임에도 학생들이나 외국인의 인터뷰도 거절함이 없다는 것을 유튜브의 영상들을 보면 누구나 알 수 있다. 그리고 하루에 200통이 넘는 세계 각지의 편지에 일일이 직접 답하는 겸허함과 인자함도 두루 갖춘 분이다. 필자 역시 이 책을 매개로 하여 촘스키 교수와 직접 서신 교환을 하게 된 것을 큰 영광으로 생각한다.

이 책은 편향되고 왜곡된 언론의 시각을 바로 잡고, 우크라이나 사태에 대한 정확한 정보를 전달하여 한국의 시민들이 이 사태를 파악하는데 도움이 되기를 바라는 마음에서 기획되었다. 이 사태에 대한 정확한 파악뿐만 아니라 종전과 세계 평화를 위해 우리가 할 수 있는 일이 무엇인지 혜안을 보여주신 촘스키 교수님께 감사드린다.

부디 건강하시어 좀더 오랫동안 세계의 등불이 되어주시길 빈다. 또한 많은 독자들이 촘스키 교수의 많은 영상들을 통해 큰 감화를 받으시길 바란다. 이와 더불어 많은 영상의 저작권 사용을 흔쾌히 허락해 준 기관들과 개인 인터뷰어들께 감사 인사를 드린다. 이 영상들을 제작한 이들 모두 촘스키 교수와 뜻을 같이 하는 평화주의자, 반전주의자, 그리고 진리를 추구하는 사람들이다. 우리는 촘스키 교수의 말에 귀를 기울여서, 세계의 전쟁과 재앙을 막고 평화의 길을 찾아야 할 것이다.

아울러 필자는 정치학이나 전쟁학을 전공하지는 않았지만 문학박사로서 또 문화와 관련해 오랫동안 일을 한 기성세대로서 촘스키 교수가 말하는 '지성인의 책무'를 다하고자 부족한 펜을 잡았음을 밝힌다. 평화와 반전, 그리고 이 세계가 나아가야 할 길을 소신있게 주장하는 촘스키 교수의 생각과 지혜에 깊이 공감하며, 이것을 한국의 독자에게 생동감 있게 전달하기 위해 최대한 많은 인용문을 삽입했고, 독자들이 촘스키 교수의 영상을 직접 보면서 그의 생생한 목소리를 들을 수 있도록 모든 인용 텍스트에 QR 코드를 삽입했다. 번역에 있어서의 오류들은 모두 필자의 것임을 미리 말씀드리며, 촘스키 교수의 내용만을 전달하고자 노력하였으나 때에 따라 저자의 주관성을 배제할 수 없었으니, 독자들의 적극적인 독서를 요구하며 혜량을 구한다.

2022. 7. 18.
김선명

프롤로그

이 책은 촘스키 교수가 우크라이나 사태를 어떻게 바라보고 있는지, 그 배경에서부터 전개 과정, 결과를 모두 설명하고 있다. 기존의 언론이 러시아의 우크라이나 침공을 사건의 시작으로 보도하는 것과 달리, 학자나 분석가들은 이번 사태의 원인과 배경에 주목한다. 촘스키 교수는 30년 전으로 거슬러 올라가 사건의 배경을 설명하는데, 이에 반해 존 미어샤이머 교수는 이 사태의 원인이 '미국'임을 명확하고 논리적으로 규명한다. 이것이 이번 사태를 에두르지 않고 그 원인을 파악하는데 도움이 된다고 판단하여, 촘스키 교수의 이야기를 듣기 전 존 미어샤이머 교수의 논지를 프롤로그에서 먼저 살펴보도록 하겠다.

두 인물은 모두 이번 우크라이나 사태에 대해 미국 책임론을 들고 있다. 하지만 존 미어샤이머 교수는 국제정치학자로서 좀더

명철한 지정학적, 국제정치학적 논리로 우크라이나 사태를 설명한다. 이에 반해 촘스키 교수는 인권주의자, 정치운동가로서 과거 미국의 행태에 집중한다. 미어샤이머 교수는 이 사태에 대해 서방에 일차적인 책임이 있다고 주장한다. 그리고 그 구체적인 요인은 나토의 확장에 있다고 말한다.

> 누가 전쟁을 일으켰고, 누구에게 책임이 있는가가 중요합니다. 현재 미국과 서방의 일반적인 통념은 러시아에 책임이 있고, 특히 블라디미르 푸틴이 책임을 져야 한다는 것입니다. 거의 모든 분들이 알고 계시리라 확신하지만, 나는 이 논거를 믿지도 않으며, 오랫동안 믿어본 적이 없습니다. 내 생각에는, 서방에게 지금 벌어지고 있는 일에 대한 일차적인 책임이 있습니다. 이는 2008년 4월 우크라이나와 조지아를 나토의 일부로 만들기로 결정한 결과였습니다.[01] 그래서 우리[02]는 어떤 일이 있어도 우크라이나를 나토에 가입시키려고 했습니다. 당시에 러시아인들은 절대로 용납될 수 없는 일이라고 말했습니다. 그들이 1999년과 2004년에 있었던 나토의 두 차례의 확장을 잘 참고 넘

---

01 2008년 4월 4일 루마니아 부쿠레슈티 나토정상회담문을 의미한다. 나토 홈페이지에 부쿠레슈티 정상 선언문 전문이 게재되어 있다. 이 책의 부록으로 전문을 싣는다. [부록 1]
02 미국, 향후 인용문에서 '우리'는 모두 미국임

어갔던 것은 확실합니다.[03] 그러나 조지아와 우크라이나는 나토의 일부가 될 수 없었습니다. 그들은 한계를 명확히 했습니다. 그들은 이것이 그들에게 '실존적 위협'이라고 말했고, 실제로 2008년 8월 조지아가 나토의 일원이 되느냐 마느냐와 관련해 전쟁이 일어나게 됩니다. 이제 우리가 나토와 나토의 우크라이나 확장에 포커스를 맞춤에 따라, 우리가 서방 정책을 이야기할 때 거기에는 세 가지 갈래가 있었음을 이해하는 것이 중요합니다. 핵심 갈래는 우크라이나를 나토에 통합하는 것이었습니다. 그러나 다른 두 갈래는 우크라이나를 유럽연합에 통합시키고, 우크라이나를 친서방 자유민주주의로 전환하여 효과적으로 오렌지 혁명을 실시하는 것이었습니다. 이 세 갈래의 전략은 우크라이나를 친서방 국가, 즉 러시아 국경에 위치한 서방의 위성국가로 만들기 위해 고안된 것이었습니다. 러시아인들은 이런 일은 일어나지 않을 것이라 다시 한번 분명히 했습니다.[04]

---

03 나토는 1999년에 체코, 폴란드, 헝가리를, 2004년에 불가리아, 에스토니아, 라트비아, 리투아니아, 루마니아, 슬로바키아, 슬로베니아를 가입시켰다.

04 존 미어샤이머와 레이 맥거번의 토론 영상(Putin's Invasion of Ukraine Salon | Ray McGovern, John Mearsheimer) 중 5:57.(이하 모든 동영상 자료는 제목과 시간만 게재한다. 동영상 자료 목록은 참고자료에 있다.) 우크라이나와 조지아를 나토의 일부로 만들려고 한 결정은 2008년 4월 부쿠레슈티 나토 회의에서 결정된 것이다. 레이 맥거번은 1963년부터 1990년까지 CIA에서 근무한 베테랑 분석가이며, 80년대에는 대통령 데일리 브리핑을 준비한 전문가이다. 은퇴 이후 정보, 외교 정책에 관한 논평을 많은 잡지와 신문에 싣고 있다.

우크라이나와 조지아는 러시아와 접경국 중 친서방 정책을 취하고 있어 소련 해체 이후 러시아가 나토 가입에 관해 가장 위협을 느끼는 나라들이다. 1949년 12개국으로 시작한 나토는 러시아와의 약속을 어긴 동진 정책으로 1999년 동유럽 및 중부유럽의 체코, 헝가리, 폴란드를 시작으로 현재 30개국의 군사동맹체가 되었다. 러시아는 동유럽국가들이 나토에 가입할 때마다, 서방을 향해 경고의 메시지를 보내며, 우크라이나와 조지아가 레드라인임을 명백히 했다.

하지만 상기의 인용문에서 미어샤이머 교수가 지적하고 있듯이, 2008년 4월 4일 루마니아 부쿠레슈티의 나토 정상선언문을 통해 현재 우크라이나 사태의 불씨가 시작되었다고 볼 수 있다. 나토는 이 선언문 23조에서 '조지아, 우크라이나 두 나라의 나토 가입 염원을 환영하며, 나토의 외무장관들이 다음 순서인 멤버십 행동계획^{MAP} 적용 시기를 결정한다'고 밝힘으로써 러시아의 '실존적 위협'이 시작된 것이다.[부록1]

조지아는 일찍이 나토 가입을 추진하였으나 무산된 바 있다. 2004년 장미 혁명으로 인해 미국이 지원하는 친서방 대통령인 미하일 사카쉬빌리 대통령이 조지아를 집권함에 따라 미국은 조지아의 나토 가입을 추진했고, 이 과정에서 조지아가 영토통합을 하려하자 러시아는 압하지야와 남오세티야의 독립을 인정하려 했다. 이에 2008년 8월 조지아가 남오세티야를 공격해 오자 전쟁이 시작되었다. 다행히 프랑스의 중재로 평화협정안이 합의되었으나, 여전히 조지아는 나토 가입을 원하였고 현재도 원하고 있지만, 러시아를 자극하지 않으려는 일부 나토 회원국들의 반대로 무산되어 왔다. 그 이후 조지아는 친서방 노선을 걷기 시작하며, 나토 가입을 조건으로 미국의 군사원조를 이끌어 낸다.

그렇다면 우크라이나는 어떠한가. 미어샤이머 교수는 우크라이나와 러시아의 첫 번째 위기를 2014년 2월 유로마이단 혁명으로 보고 있다. 그리고 이것을 미국의 지원을 받은 쿠데타로 보고 있다. 친러 성향의 야누코비치 대통령은 전복되고 친미 성향의 대통령이 탄생했다. 미어샤이머는 이러한 우크라이나 상황의 뒷배경에 미국과 나토의 확장이 있다고 말한다. 그 결과 폭발한 러시아가 우크라이나에서 크림을 가져갔고, 동부 우크라이나의 내전을 조장하는 데 도움을 주게 되었다고 말한다. 서방의 나토 확장으로 인한 두 번째 위기가 이번 사태이다. 그의 말을 들어보자.

> 첫 번째 위기가 2014년 2월에 발생했습니다. 제가 생각하는 방식으로 볼 때, 2014년 2월에 큰 위기가 발생했다는 것입니다. 그리고 작년 12월에 (두 번째) 큰 위기가 있었고, 올해 2월 24일 전쟁이 시작되었습니다. 2014년 2월 22일 위기는 어떤 것이었나요? 이 위기는 미국의 지원을 받은 쿠데타로 상당 부분 촉발되었고, 이 결과 친러시아 지도자 야누코비치 대통령은 전복되고 친미 총리^{포로셴코}로 교체되었습니다. 러시아인들은 이것을 참을 수 없다고 생각했습니다. 동시에 유럽연합 확장에 대해 러시아는 서

방 및 우크라이나와 논쟁을 벌였습니다. 그 배경에는 항상 나토 확장이 있었습니다. 이것은 폭발했고 두 가지 결과를 낳았습니다. 하나는 러시아인들이 사실상 우크라이나에서 크림 반도를 빼앗아갔습니다. 그들은 세바스토폴^{크림 반도에 위치한 도시}을 나토의 해군 기지로 만들 생각이 전혀 없었던 것입니다. 두 번째 결과는 러시아인들이 동부 우크라이나에서 내전을 조장하는 데 도움을 주었다는 것입니다. 물론 내전은 2014년 이후 훨씬 더 자주 악화되었지만, 위기는 실제로 2014년에 터졌습니다. 그러다가 2021년 12월 중순에 시작되어 12월 말에 달아오른 것이 두 번째 위기였습니다. 내 생각에는 우크라이나가 나토의 사실상 회원국이 되었다는 사실이 그 원인으로 작용한 것 같습니다.⁰⁵

 미어샤이머 교수는 나토의 확장이 러시아에게 '실존적 위협'임을 강조한다. 그는 러시아가 동유럽의 영토를 점령하여 더 큰 러시아로 통합하려는 데 관심이 없다고 말하며, 우크라이나 역시 점령할 생각이 없음을 강조한다. 푸틴 대통령은 "20세기 최대의 지정학적 재앙은 소련의 해체이다"라고 말할 정도로 옛 소련을 되찾고 싶은 욕망을 드러냈지만, 이것이 좋은 생각이 아님을 명시적으로

---

05 Putin's Invasion of Ukraine Salon | Ray McGovern, John Mearsheimer, 8:19

말한 바 있다고 설명한다. 러시아가 필요로 하는 것은 완충국 ^{buffer} $_{state}$일 뿐이라 강조한다. 그는 매우 적절한 두 가지 비유를 든다. 첫 번째는 쿠바미사일 사태이다. 우크라이나의 나토 가입과 전략 무기 배치는 소련이 쿠바에 미사일을 배치하려했던 사건과 똑같은 상황이다.

> 나는 쿠바미사일 위기 당시 일어난 일이 러시아인에 대한 이 상황만큼 위협적이었을 것이라고 생각하지 않습니다. 하지만 과거로 돌아가 당시의 미국 의사 결정권자들이 어떻게 생각했을지 살펴보면, 그들은 겁에 질려 굳어 있었을 것입니다. 그들은 쿠바에 있는 소련의 미사일이 실존적 위협이라고 생각했고, 케네디의 많은 참모들이었던 그들은 소련에 대해 우리의 핵무기를 사용할 의향이 있었습니다. 이는 강대국들이 실존적 위협에 직면했다고 생각할 때 그들이 얼마나 심각해지는지를 보여줍니다. … 미국인들은 우크라이나에 대해 그다지 신경 쓰지 않습니다. 미국인들은 우크라이나를 위해 싸우고 죽을 뜻이 없다는 것을 분명히 했습니다. 이것은 우리 미국에게 중요한 것이 아닙니다. 그러나 러시아인들은 이것이 실존적 위협임을 분명히 했습니다. 따라서 결단의 균형이 그들에게 중요합니다.[06]

06　Putin's Invasion of Ukraine Salon | Ray McGovern, John Mearsheimer, 22:59

쿠바미사일 사태를 다시 한 번 복기하여 보자. 1961년 서베를린을 압박하려다 실패한 흐루쇼프는 내외부적인 위기를 무마하고, 쿠바의 신생 공산정권인 카스트로 정권을 보호하는 동시에 서방에 대해 군사적 우위를 확보하며 협상 카드로 활용하기 위해 비밀리에 쿠바에 장거리 미사일 기지 설치를 추진하였다. 이 미사일은 미국이 터키와 중동에 설치한 핵미사일에 대응한 것이기도 했다. 미국 정부는 쿠바의 미사일 기지 건설을 무력시위라고 주장하며, 강행한다면 선전포고로 받아들여 제3차 세계대전도 불사하겠다는 공식성명을 발표했다. 일촉즉발의 상황이었다. 다행히 양국의 외교적 노력으로 서로 미사일 기지 철수를 조건으로 사태가 종결되었다.

쿠바는 미국의 동남부 아래 섬나라로 러시아에 있어 우크라이나와 같은 지정학적 요소를 갖춘 나라이다. 쿠바에 미사일을 설치한다는 것은 미국에 직접적 위협이 된다. 미어샤이머 교수의 표현에 따르면 '실존적 위협'이 될 수 있는 것이다. 따라서 우크라이나에 나토군이 배치되고, MD 시스템이 설치된다는 것은 러시아로서는 쿠바 사태와 똑같은 사태를 겪는 것이다. 그것을 미국이 용납할 수 없었듯이, 우크라이나의 나토 가입과 나토합동훈련 등은 러시아로서는 용납할 수 없는 것이다.

미어샤이머 교수가 들고 있는 두 번째 비유는 멕시코와 캐나다이다. 중국이 멕시코와 캐나다에 합법적인 방법으로 군대를 배치한다고 가정해 보자. 그것을 미국은 용납할 수 있을 것인가. 미국은 먼로 독트린[07]을 만들어 효과적으로 완충국을 관리하고 있다. 그렇다면 미국은 되고 러시아는 안되는가. 러시아가 완충국을 가져서 안되는 이유는 무엇인가. 우리는 미어샤이머 교수의 날카로운 지적에 고개를 끄덕일 수밖에 없다.

> 러시아가 완충 국가를 가질 권리가 있는지, 우크라이나가 자체 외교 정책을 가질 권리가 있는지에 대해 이야기할 때, 이러한 개념은 여러분을 국제 시스템에서 발생할 수 있는 모든 종류의 문제에 빠지게 할 수 있습니다. 국제 시스템에서는 힘이 중요합니다. 미국은 캐나다나 멕시코가 합법적인 방법으로 중국을 초청해 군대를 토론토나 멕시코 시티로 끌어들이는 상황을 결코 용납하지 않을 것입니다. 우리는 우리의 전략적 이익에 부합하는 먼로 독트린을 가지고 있습니다. 우리의 먼로 독트린은 '어떤 먼 강대국도 서반구(아메리카 대륙)에 군대를 배치하는 것은 허용되지 않는다'

---

07 1823년 제임스 먼로 대통령이 발표한 미국 외교의 기본 정책으로 유럽 강국들에게 아메리카 대륙에 간섭하지 말고 아메리카를 식민지로 만들지 말라는 경고이다. 유럽과 라틴아메리카 사이에 지속적으로 중립을 지키겠다는 것으로, '고립주의' 외교 정책으로 불리는데, 국가 안보에 지장을 초래하지 않는 한 대외 문제에 광범위한 개입을 반대한다는 방침이다. 당시, 1) 유럽 국가는 남북 아메리카에 새롭게 식민지를 얻어서는 안 된다, 2) 유럽 국가는 서반구의 독립국에 유럽의 구체제를 강요해서는 안 된다, 3) 미국은 유럽의 문제에 관여하지 않는다 등의 주장을 표명했으나, 19세기 말 20세기 초 서반구에서의 자국의 정치적 우월성을 주장하고, 미국만이 질서유지자를 위해 간섭할 수 있다는 입장의 근거가 되는 새로운 의미가 부여되었다. 1930년대 미국은 라틴아메리카 국가와의 연대강화를 위해 내정불간섭을 약속하는 한편, 1933년 미유럽 국가간의 상호불간섭의 원칙을 승인하였다. ("21세기 정치학 대사전")

고 말합니다. 이게 다입니다. 러시아인들은 여기서 먼로 독트린의 러시아 버전을 분명히 하고 있는 것입니다. 그들은 우크라이나를 자신들 국경의 서방 요새로 만들 수는 없다고 말하고 있습니다. 이것은 권리와 관련이 없습니다. 우크라이나가 이런 일을 할 권리가 있는지 없는지 여부는 중요하지 않습니다. 우리가 말하는 것은, 쿠바는 소련을 불러 군대를 서반구에 배치할 수 없습니다. 강대국 정치를 말할 때, 권리는 최종분석에서 중요하지 않습니다. 힘이 옳고, 미국은 막대한 힘을 가진 나라입니다. 전략적 이익을 위해 생각하는 것은 무엇이든 할 수 있습니다.[08]

미어샤이머 교수는 이 사태의 원인, 즉 러시아가 우크라이나를 침공하게 한 원인을 명확하게 '미국'이라고 말한다. 그의 논리에 따르면 우크라이나 전쟁에서 누가 이기는가 지는가는 중요하지 않다. 하지만 패자는 명백하다. 아직까지 전쟁이 계속되고 있지만, 러시아가 패배한다는 것을 상상하기는 어렵다. 또한 설사 우크라이나가 전쟁에서 승리를 거둔다 해도 영토의 황폐화, 수많은 사상자, 800만 명 이상의 난민들을 생각한다면 결코 승리자라 부를 수 없는 것이다. 이에 대한 책임은 누가 져야 하는가.

---

08 Putin's Invasion of Ukraine Salon | Ray McGovern, John Mearsheimer, 1:23:21

" 우리는 우크라이나인들이 나토의 일부가 되기를 원하도록 강하게 압박했습니다. 우리는 그들을 나토의 일부로 만들기 위해 매우 열심히 노력했습니다. 우리는 러시아인들이 용납할 수 없다고 분명히 했음에도 불구하고 우크라이나를 러시아 국경의 서방 요새로 만들기 위해 열심히 노력했습니다. 그래서 우리는 실제로 서방에 대해 이야기하고 있는 것인데, 우리는 막대기로 곰의 눈을 찔렀습니다. 그리고 여러분 모두 알다시피, 막대기를 들고 곰의 눈을 찌른다면 그 곰은 아마도 당신이 하는 일에 웃지는 않을 것입니다. 그 곰은 아마 반격할 것이고, 그것이 바로 여기에서 일어나고 있는 일입니다. 그 곰은 우크라이나를 발기발기 찢어버릴 것입니다. 그 곰은 우크라이나를 파괴시키는 과정에 있습니다. 그리고 다시, 우리는 우리가 시작한 곳으로 돌아가야 합니다. 이에 대한 책임은 누구에게 있습니까? 러시아인이 이에 대한 책임을 져야 합니까? 나는 그렇게 생각하지 않습니다. 러시아인들이 더러운 일을 하고 있다는 것은 의심의 여지가 없습니다. 나는 그 사실을 가볍게 여기고 싶지 않지만 문제는 러시아인들이 왜 이런 일을 하게 되었는지입니다. 내 생각에 대답은 매우 간단합니다. 문제의 원인은 바로 미국입니다.[09] "

---

09 Putin's Invasion of Ukraine Salon | Ray McGovern, John Mearsheimer, 25:29

01
"1인치도 동진하지 않겠다"

- 고르바초프와 베이커의 1인치 회담

촘스키 교수는 우크라이나 사태의 배경을 1990년대 초, 즉 소련의 붕괴와 독일의 통일 시기 동독이 소련군을 철수시키면서 맺었던 합의로 보고 있다. 그 유명한 미국의 국무장관 제임스 베이커의 나토 확장에 관한 "동쪽으로는 1인치도 가지 않겠다not one inch eastward"라는 발언은 1990년부터 91년까지 독일 통일 과정 전반에 걸친 회담 중 1990년 2월 9일 미하일 고르바초프와의 회담에서 소련 안보에 대해 확실히 보장한 내용으로 현재 기밀해제된 문서로서 조지워싱턴 대학의 국가안보 기록보관소에 보관되어 있다.[01] 1990년 2월 9일 베이커는 고르바초프에게 "동쪽으로는 1인치도 가지 않겠다"는 발언을 공식적으로 세 번 말했고, "나토 확장은 용

---

01 국가안보 기록보관소(National Security Archive, NSA)는 조지워싱턴 대학 내에 있으며, 모든 국가 기밀 문서가 공개되어 있다. 사이트는 www.nsarchive.gwu.edu이다.

납할 수 없다. NATO expansion is unacceptable"는 고르바초프의 확언에 동의했다. 또한 고르바초프에게 "소련뿐만 아니라 다른 유럽국가들에게도 미국이 나토의 틀 내에서 독일에 주둔하게 되면 현재 나토의 군사관할권이 동쪽으로 1인치도 확대되지 않을 것이다."[02]라고 말했다. 촘스키 교수는 이미 공개된 이 사이트를 통해 모든 사람들이 이 자료를 볼 것을 권고한다.

> 우크라이나 사태 발발에는 배경이 있습니다. 그 배경은 1990년대 초반으로 거슬러 올라가 현재의 쟁점이 발전하기 시작한 시기로 거슬러 올라가야 합니다. 배경은 소련이 붕괴했다는 것, 조지 H.W. 부시 대통령과 그의 국무장관 제임스 베이프 베이커는 스텐처 헬무트 콜 독일 총리 등 주요 독일 정치인들이 직접 관여한 러시아 지도자 미하일 고르바초프와의 협상을 진행했고 합의에 이르렀다는 것입니다. 그 합의는 확고한 명시적 합의였습니다. 하지만 여기에는 많은 선입견이 존재하고 있습니다. 따라서 자세한 내용을 원하시면 원본 문서를 쉽게 찾아볼 수 있는 권위 있는 국가안보 기록보관소를 찾는 것이 좋습니다. 이 합의는 러시아가 독일의 통일을 허용하고 나토에 가입하는 것을 동의한 것으로, 20세기 역사를 반추하여 본다면

---

02 1990년 2월 9일 베이커와 고르바초프의 '1인치' 회담 내용은 부록에 전문 게재한다. 출처는 상기 NSA 사이트이다. [부록2]

러시아의 입장에서 매우 중요한 합의였고, 그 대신 나토가 동쪽으로 1인치도 확장하지 않겠다는 명백한 공식적인 조건에 동의한 것입니다. 그 약속은 아버지 부시와 클린턴의 초기 시절까지 잘 지켜졌습니다. 클린턴은 몇 년 동안은 그것을 지켰습니다. 그러나 1994년이 되자 이미 말을 바꾸었습니다."03

미국 국가안보 기록보관소의 '나토확장: 고르바초프가 들은 것 NATO's expansion: What Gorbachev Heard' 파일에는 이 내용들이 자세하게 기록되어 있다. 고르바초프의 개혁 개방 정책과 더불어 서방과의 교류가 활발히 이루어지면서 소련은 독일의 통일에 적극 협조하게 되는데, 이미 언급한 베이커와 고르바초프의 '1인치' 회담 이후, 1990년 2월 10일 서독의 헬무트 콜과 고르바초프의 결정적 만남이 이루어져 나토가 동진을 하지 않는 이상 소련은 원칙적으로 독일통일을 협력하겠다는 약속이 체결됐고, 1990년 9월 12일에는 2+4 외무장관회담에서 독일통일에 관한 최종 조약이 체결된다. 소련과 서방대표들은 소련의 안보 이익을 보호하고 새로운 유럽안보 구조에 소련을 포함시키는 것에 대해 보장했고, 회담내용이 공개되어 있다.04

---

03 이 글의 원문 텍스트는 2022년 4월 12일 촘스키 교수의 동영상 자료를 번역한 것이다. 원본 영상은 다음과 같다: Background to the Ukraine-Russia War, Noam Chomsky, 00:03

04 회담 내용의 전문은 부록에 있다. 출처는 NSA 사이트. [부록3]

촘스키 교수는 클린턴 행정부가 고르바초프와의 합의를 지키지 않고 동유럽의 국가들을 나토로 불러들인 것에 대한 부당함을 주장한다. 미국은 나토를 없애지 않으면서 구소련 및 동구권 국가들과 긴밀한 군사협력관계를 맺기 위해 '평화를 위한 파트너십 Partnership for Peace'05 프로그램을 구상하지만 궁극적으로는 동구권에 대한 회유 정책의 일환으로 보인다. 하지만 미국은 옐친 대통령이 1993년 '평화를 위한 파트너십'이 나토를 확장하려는 것이 아니라고 믿게 했으며, 다른 쪽으로는 꾸준히 나토 확장계획을 세웠다. 옐친은 '평화를 위한 파트너십' 구상에 찬사를 보내며 적극 동참하고자 했고, 클린턴 행정부는 그것을 지지하는 한편 내부에서는 나토 확장 지지자들을 독려했다. 결국 1995년 러시아는 '평화를 위한 파트너십'에 가입했고, 클린턴은 "범유럽 안보를 위한 새로운 구조가 필요하며, 나토의 확장이 러시아의 안보를 해치거나 유럽을 재

---

05 '평화를 위한 파트너십(Partnership for Peace)'은 나토가 구소련 및 동구권 국가들과 긴밀한 정치 군사 협력관계를 맺기 위해 채택한 프로그램으로 1993년 나토 국방장관회담에서 미국이 제안하여, 1994년 1월 나토 정상회담에서 16개국 만장일치로 채택되었다. 1991년 소련의 해체 이후, 바르샤바조약기구와 나토를 양축으로 하는 냉전시대가 종결됨에 따라 나토는 과거 공산권까지 포함한 범세계적 집단안보기구로서의 역할을 원했으나, 동유럽국가들이 나토 가입을 희망하자 여러가지 우려가 불거졌다. '유럽의 문제는 유럽인의 손으로 해결한다'는 기본입장에 따라 과도기적 조치로서 구상된 것이 바로 '평화를 위한 동반자관계' 혹은 '평화를 위한 파트너십'이다. 이 구상은 나토가 동유럽 및 중유럽 국가들과의 상호협력을 점진적으로 증대시키다가 나토회원국으로 받아들이는 중간 역할을 했다. 당시 루마니아를 시작으로 헝가리, 폴란드, 체코, 슬로바키아, 리투아니아, 에스토니아, 라트비아, 조지아, 우크라이나, 불가리아, 알바니아, 핀란드, 스웨덴 등이 참여하였고, 러시아는 1994년 6월에 동참하였다. 현재까지 지속되고 있으며, 현재 가입국은 22개국, 과거 가입국 중 이후 나토회원국이 된 국가들은 12개국이다. 약어로 PfP로 표시한다.

분할하는 어떠한 변화도 없을 것"을 약속했다.[06] 빌 클린턴은 1997년 폴란드, 헝가리, 체코를 나토에 가입시키기 위해 옐친을 끈질기게 설득해서 동의를 받아냈고, 이로써 나토는 동진을 시작했다. 당시 나토의 계획은 1999년 이전에 핀란드, 불가리아, 루마니아, 알바니아 등을 가입시키고, 1999년 이후에는 에스토니아, 라트비아, 리투아니아 등 발트 3국과 우크라이나, 슬로베니아, 크로아티아, 마케도니아 등을 가입시킨다는 방침이었다.[07]

촘스키 교수는 1999년 이후 클린턴 행정부로부터 조지 W. 부시로 이어진 나토 확장이 현 사태에 이르게 된 경위를 다음과 같이 설명한다.

> " 조지 W. 부시가 막 나토의 문을 열고, 2008년에 모든 사람과 모든 러시아의 위성국가들을 나토로 끌어들였습니다. W. 부시, 즉 아들 부시는 우크라이나에 나토 가입을 요

---

06 클린턴은 전승기념 50주년인 1995년 5월 모스크바에 방문하여 옐친에게 다음과 같이 말했다: "We need a new structure for Pan-European security, not old ones! .... But for me to agree to the borders of NATO expanding towards those of Russia – that would constitute a betrayal on my part of the Russian people… I won't support any change that undermines Russia's security or redivides Europe." 출처는 NSA 사이트.

07 옐친 치하의 러시아는 헬싱키 회담과 '협력 및 안보에 관한 기본협정'을 통해 나토의 확대를 용인한 셈이 되었다. 1997년 3월 19, 20일 양일간 클린턴과 옐친은 헬싱키에서 정상회담을 갖는다. 옐친은 1996년 유라시아주의자 프리마코프를 외교장관으로 기용하면서 미국 중심 외교에서 탈피하려고 하지만, 이 헬싱키 회담에서 양국은 2007년까지 냉전시절 가졌던 핵무기 보유량의 80%까지 감축하고, 나토의 동유럽 확대를 지지하되 동유럽 어느 나라에도 나토 상주군이나 핵기지는 주둔시키지 않겠다고 합의한다. 이 합의는 5월 27일 '나토와 러시아연방 간의 협력 및 안보에 관한 기본 협정'을 맺으면서 체코, 헝가리, 폴란드가 나토에 가입할 수 있는 길을 열게 되는 과오를 범한다.

청했고 당시 프랑스와 독일이 거부권을 행사했습니다. 하지만 2018년 12월 11일까지 우크라이나를 향한 나토의 문은 계속 열려 있었습니다. 당시 CIA 국장 등 상황을 잘 알고 있는 거의 모든 고위급 미국 외교관이 다수의 회담테이블에서 이는 극도로 무모하고 위험한 일이라고 경고했습니다. 이것이 러시아의 지정학적 우려의 핵심 레드라인이기 때문입니다. 하지만 미국은 계속 우크라이나를 향해 나토 가입을 권유했으며, 일부에서는 미국이 2014년 유로마이단 봉기를 선동하는 데 도움을 주었다고 말합니다. 이는 일종의 네이티브 스타일 프레임워크 native style framework 내에서 우크라이나를 통합하려고 노력, 즉 무기를 보낸다든지 군사훈련을 시킨다든지 하는 미국과 다름 없는, 소위 나토에 의한 직접적인 노력을 즉각적으로 이끌었습니다. 우리가 가지고 있는 가장 중요한 최신 정보는 2021년 9월 1일 바이든 행정부의 중요한 문서입니다. 이 자료는 백악관 웹페이지에서 읽을 수 있습니다.[08] … 이 문서에 따르면, 우크라이나의 지위를 나토처럼 유지하기 위해 강력한 훈련 및 훈련프로그램을 갖춘 첨단 대전차무기를 제공해야 한다고 주장했습니다. 이것은 기본적으로 우크라이나가 나토에 가입할 수 있는 문을 더 넓게 열어주었고, 나토의 확대된 기회 파트너로서의 우크라이나 위상에 걸맞는 첨

---

08 원문 'Joint Statement on the U.S.-Ukraine Strategic Partnership(미국-우크라이나의 전략적 파트너십에 대한 공동 성명)'은 백악관 홈페이지 Briefing Room에 있다. 부록에 번역본 전문을 첨부한다. [부록4]

단 무기 훈련을 통해, 미-우크라이나의 전략적 방어와 안보협력 강화를 위한 전략적 방위 프레임워크를 마련했습니다. 그게 작년 9월의 일입니다. 이 문서는 우리가 중요하고 심각하게 생각하는 문제인 러시아 침공을 어떻게 설명하든 미국 정책에 대한 가장 최근의 공식 성명입니다.[09]

살펴본 바와 같이, 촘스키 교수가 본 우크라이나 사태의 배경은 1990년 2월 9일 고르바초프와 제임스 베이커의 합의, 즉 독일의 통일과 나토가입을 소련이 용인하는 대신 나토는 1인치도 동쪽으로 이동하지 않겠다는 합의[10]를 서방이, 구체적으로는 클린턴으로부터 현재 바이든까지 지키지 않은 것을 첫 번째 배경으로 보았다. 결국 2004년까지 동유럽, 즉 소련의 위성국가들을 나토에 가입시키고, 2008년 조지 W. 부시가 다시 한번 부쿠레슈티에서 우크라이나를 나토에 초대한 것과 미국이 지속적으로 우크라이나를 향해 나토 가입을 권유하고 유로마이단 혁명을 선동 및 지원한 것

---

09 Background to the Ukraine-Russia War, Noam Chomsky, 5:21

10 정확한 원문은 다음과 같다.(고르바초프와 베이커의 회담 중 베이커의 말이다. 이 자료는 소련 측의 녹취록을 영어로 번역한 것으로 NSA에 게재되어 있으며, 이 책의 부록에도 실려있다.): "We understand that not only for the Soviet but for other European countries as well it is important to have guarantees that if the United States keeps its presence in Germany within the framework of NATO, not an inch of NATO's present military jurisdiction will spread in an eastern direction."

을 두 번째 배경으로 보았다. 세 번째 배경으로 2021년 9월 1일 바이든 행정부가 우크라이나와 '전략적 파트너십 공동 성명'을 낸 사실을 꼽았다. 미어샤이머 교수나 촘스키 교수의 의견은 다르지 않다. 러시아의 우크라이나 침공 자체는 명백한 범죄행위이지만, 그 원인과 배경에는 미국이 있다는 것이다.

>
> 전쟁에 대한 책임이 누구에게 있는지에 관한 질문은 오랜 기간에 걸쳐 이루어졌습니다. 사실 질문의 여지가 없습니다. 이것은 러시아의 우크라이나 침공, 범죄적인 침공입니다. 누구라도 이 상황을 설명할 수는 있겠지만, 이것에 대한 정당성이 없기 때문에 비난의 문제는 논할 필요도 없다고 생각합니다. 그러나 배경을 보면 미국과 독일, 나토 사무총장이 확고한 약속을 했던 30년 전으로 거슬러 올라갈 필요가 있습니다. … 결국 그는 1997년 모든 것을 무시하고 폴란드, 헝가리, 슬로베니아를 나토에 가입시켰습니다. 그는 조지 케넌, 헨리 키신저, 잭 맷록 레이건 행정부의 주러시아 대사, 러시아 최고 전문가, CIA 전/현 국장 등 유명 인사들을 포함한 다수의 미국 고위 관리들로부터 강력한 경고를 받았습니다. 이것은 매우 도발적이고 심각한 위험을 초래할 수 있는 일입니다. 조지 W. 부시 차기 대통령은 그를 이어 같은 정책을 반복했습니다. … 당시 러시아인들은 매우 명백한 레드라인을 설정했습니다. "우리는 많

은 것을 용인할 것이지만 조지아나 우크라이나는 용납하지 않을 것이다. 이 나라들은 우리의 지정학적 심장부로서 나토 회원국이 될 수 없다." 이는 2014년 유로마이단 혁명 당시에도 모든 면에서 잘 이해되었습니다. 나토는 몇 가지 조치를 취했는데, 러시아가 크림 반도를 병합하고 지원군을 러시아인 중심의 돈바스 지역으로 비공식적으로 보내자 우크라이나에 무기와 훈련을 제공하기 시작했던 것입니다. 이러한 행동은 2021년 9월 20일에서 볼 수 있듯이 이미 갈등 상황으로 치닫고 있었음을 보여줍니다. 미국은 강화된 나토 가입 준비 프로그램의 일환으로서 우크라이나가 나토에 가입할 수 있는 문이 활짝 열려 있다는 강력한 정책 성명을 발표했습니다. 미국은 11월 우크라이나와의 공식 정책 헌장에서 우크라이나에 중화기, 합동 군사 작전 및 훈련을 제공할 것임을 천명했습니다.[11] 몇 달 후 러시아가 우크라이나를 침공했기 때문에 이야기는 크게 확장됩니다. 침략이 정당화될 수는 없지만, 우리는 기본적으로 어떠한 과정으로 침략이 도발되었는지 알 수 있습니다. 이는 어떻게 블라디미르 푸틴을 옹호하지 않으면서 나토와 서방의 행동을 비판하는가 하는 질문으로 이어질 수 있는데, 그것은 매우 간단합니다. 내가 방금 말한 것처럼, 침략은 범죄 행위입니다. 이는 미국의 이라크 침공, 히

---

11 바이든 행정부는 9월의 공동성명을 바탕으로 11월 '미-우크라이나 전략적 파트너십 공식 정책 헌장'을 채택합니다. 이 내용은 미국 국무부 홈페이지에서 확인할 수 있다.(state.gov/u-s-ukraine-charter-on-strategic-partnership)

틀러-스탈린의 폴란드 침공, 기타 범죄적 침략 사례와 대등한 수준입니다. 다른 한편으로 우리는 침략의 이유도 볼 수 있어야 합니다. 거기에는 어떠한 모순도 없습니다."[12]

---

12 Ukraine and NATO, 0:40

• 러시아와 나토 관계 일지 •

1949. 4. 4	나토 창설
1954. 3	러시아, 나토 가입 신청. 반려됨.
1955. 5. 14	바르샤바 조약기구 창설
1990. 2. 9	- 고르바초프 소련서기장과 베이커 미 국무장관 1인치 회담, 나토 1인치도 동진하지 않겠다고 확약 - 고르바초프, 베이커에게 나토 가입 가능성 타진
1990. 9. 12	독일통일 최종조약인 2+4 외무장관 회담, 소련의 안보 이익 보호 명문화
1990. 10. 3	독일 통일
1991. 7. 1.	바르샤바 조약기구 공식 해체
1991. 12. 21	소련 공식 해체
1993	PfP^{평화를 위한 파트너십} 결성

1994	옐친, 클린턴과 정상회담에서 나토 가입 의사 밝힘
1995	러시아 PfP 가입
1999	폴란드, 헝가리, 체코, 나토 가입
2004	에스토니아, 라트비아, 리투아니아, 슬로바키아, 슬로베니아, 루마니아, 불가리아, 나토 가입
2008	부쿠레슈티 나토 정상회의, 우크라이나와 조지아 가입 염원 환영
2014	미국, 우크라이나 나토 가입 권유 및 유로마이단 혁명 지원
2021.9	바이든 행정부와 우크라이나 정부 간 '전략적 파트너십 공동 성명' 협정
2021.11	미-우크라이나 '전략적 파트너십을 위한 헌장' 제정

02
"러시아에 완충지대는 왜 필요한가"

- 군사동맹 없는 유럽 공동체

서두에서 언급한 바와 같이 미어샤이머 교수는 미국이 그러하듯이 러시아도 완충국(buffer state)을 가질 수 있다는 논지로 말한 바 있다. 완충국이란 일방에 의해 무장화될 수 없는 지역으로 '중립국'이라 말해도 무방하다. 이번 사태의 평화 협상안으로 가장 빈번히 등장한 단어로, 우크라이나의 중립국화는 푸틴 대통령 역시 찬성한 바 있고, 오히려 가장 원하고 있는 바이다. 프랑스의 마크롱 대통령도 '핀란드화'[01]라는 이름으로 이 중재 협상안을 몇 차례 제안한 바 있으며, 젤렌스키 대통령도 중립화에 대해서 찬성하였다.[02]

---

01 '핀란드화'란 냉전 시기에 핀란드와 같은 유럽의 비공산국가들이 주권을 유지하기 위해 소련에 취했던 유화적 외교정책, 약소국이 인접한 강대국에 대해 국익의 일정 부분을 양보하면서 원만한 외교관계를 유지하는 것을 뜻하여 굴욕적인 느낌을 줄 수 있는 단어였다. 하지만 현대에는 강대국에 인접한 국가의 비무장화, 즉 중립국화를 의미하는 경우가 많고, 마크롱 대통령도 그러한 의미에서 발언한 것으로 보인다.

02 2022년 3월 28일 젤렌스키 대통령은 러시아 언론인들과의 90분에 걸친 화상 인터뷰를

협상안 중 중립화만큼은 합의를 본 셈이다.

그렇다면 강대국 사이에 완충지대가 평화를 위한 최고의 방법인가? 촘스키 교수는 그것은 전쟁보다 나을 뿐이라고 말한다. 그가 제안하는 것은 고르바초프가 제안한 바 있는 '유럽, 공동의 집Common European Home/Общеевропейский дом' 개념이다.

> (완충지대가) 전쟁보다는 낫지만 군사동맹이 없는 '유럽, 공동의 집' 개념이 여전히 더 나은 것 같습니다. 그것이 우리가 노력해야 하는 것입니다. 내가 아는 한 그런 방향으로 나아가고 있는 유럽의 정치가는 단 한 명뿐입니다. 마크롱입니다. 러시아와의 협상에서 비록 실패하였지만, 그의 노력은 드골이나 고르바초프가 주장한 군사동맹 없는 '유럽, 공동의 집'의 비전과 같은 것을 수립하기 위한 작은 움직임이었습니다. 크렘린에 이 기회를 활용할 수 있는 정치가가 있었다면, 그들은 유럽을 러시아와 공동의 동맹으로 끌어들이는 기회를 포착하여 개발했을 것입니다. 러시아와 유럽, 어느 쪽에도 군사동맹이 없다면, 유럽에는 많은 이점이 있습니다. 무역 관계는 확실한 안보가 보장되니, 시도해 볼 만한 이유는 분명합니다. 만일 마크롱이 협

통해 '우크라이나의 안전보장, 중립국화, 비핵보유국 지위 문제에 대해 받아들일 준비가 되어 있다. 다만 전쟁을 끝내고 군대를 철수시켜야 하며, 중립국화를 약속한 만큼 자국의 안전을 보장받기 위해 법적 구속력이 있는 평화협정이 필요하며, 우크라이나의 국민투표를 통해 결정될 사안이라 강조했다. 또한 돈바스 문제도 타협할 의사를 밝혔다. 하지만 다음 날로 예정되어 있었던 5차 회담에서도 성과 없이 결렬됐다.

상을 잘 시작했다면, 과연 성공했을까요? 시도하지 않으면 알 수 없습니다. 만일 시도를 거부한다면, 그 대신 총을 만지게 됩니다. 그것이 권력자들이 행하는 일반적인 방식입니다. '그러니까 침략하자.' '평화의 가능성을 파괴하는 은 쟁반에 유럽을 담아 미국에 넘겨주자.' 그것은 불행히도 고르바초프와 같은 사람의 비전이 있었다면 달라졌을 수도 있는 선택입니다.[03]

'유럽, 공동의 집'은 미하일 고르바초프가 레오니드 브레즈네프의 외교정책을 이어받아 만든 개념이다. 고르바초프는 구세계, 즉 유럽을 '우리 공동의 집 Our common house'이라 일컬은 바가 있는데, 이것이 유명해지면서 1987년 체코 방문 시 '유럽, 공동의 집' 개념으로 탄생했다. 개혁, 개방을 주창한 고르바초프는 서방과의 유대를 강조하며 군사동맹 없는 평화의 블록을 서유럽부터 러시아까지 만들자는 개념을 탄생시킨 것이다. 프라하에서 그가 한 말을 들어보자.

> 우리는 우리 외교 정책의 유럽 노선에 최우선적 의미를 부여합니다. … 우리는 서로 군사적 동맹을 마주하여 대륙을 군사 블록으로 분할하는 것과 유럽에 군사적 무기고를 채우는 것, 그리고 전쟁의 위협에 있어 근원이 될 수

---

03   Ukraine and NATO, 18:06

있는 모든 것에 단호히 반대합니다. 새로운 사고의 정신으로 우리는 "전 유럽의 집$^{All-European house}$"이라는 개념을 소개했습니다 … (이는) 무엇보다도 문제의 국가가 서로 다른 사회 시스템에 속해 있고 서로 반대하는 군사-정치 블록의 구성원이라 할지라도 특정한 통합된 전체의 인정을 받을 수 있음을 의미합니다. 이 용어에는 현재의 문제와 이에 대한 해법의 실제 가능성을 포함합니다.[04]
"

'전 유럽의 집'이 발전하여 '유럽, 공동의 집' 개념이 되었고, 1989년 6월 13일 본에서 만난 고르바초프와 헬무트 콜이 국가 자결권, 핵 및 재래식 전력의 상호 축소와 더불어 캐나다와 미국이 일부 역할을 담당하는 '유럽, 공동의 집'을 지지하는 공동 선언에 서명했다.[05] 하지만 안타깝게도 '유럽, 공동의 집'은 이후 활성화되지는 못하였다. "미국은 군사동맹 없는 드골과 고르바초프의 '리스본에서 블라디보스톡까지'라는 공식화보다 자신이 통제할 수 있는 나토 대서양주의 버전을 원했기" 때문이다.[06] 미국은 소련의 평

---

04 Milan Svec. "The Prague Spring: 20 Years Later." Foreign Affairs. Summer 1988.

05 미국무부 전직 관리였던 로널드 아스무스는 "고르바초프의 비전은 동유럽의 개혁이 통제될 수 있고, 개량주의 공산당이 동독을 포함하여 자국의 정치에서 계속 중요한 역할을 할 것이라는 믿음에 기반을 두고 있습니다."라고 말했으나, 당대 고르바초프의 친서방 정책은 소련 사회주의의 문제를 파악하고 소련의 붕괴까지 예측한 후 내놓은 안으로서 개량주의 공산주의를 염두에 두었으리라고 보기는 힘들다. Ronald D. Asmus. "A United Germany." Foreign Affairs. Spring 1990.

06 Ukraine and NATO, 11:28

화적 블록 형성에 대한 바람과 나토 대서양주의를 결합한 새로운 개념을 정립한다. 1993년 나토국방장관 회의에서 미국의 제안으로 '평화를 위한 파트너십'을 결성한 것이다. 촘스키 교수는 유럽의 입지의 변화와 관련하여 이렇게 설명하고 있다.

> 유럽이 독립적인 길을 갈 것인지 말 것인지에 대해 냉전 기간 내내 고민했었습니다. 소련 연방이 무너졌을 때, 유럽에는 고르바초프에 의해 '유럽, 공동의 집'이라 불리는 군사동맹 없는 '제3세력'이라는 새로운 목표가 설정되었습니다. 여기에는 상업적 무역안보라는 확실하고 좋은 이유가 있습니다. 왜냐하면 이것은 모두에게 이익이 될 수 있었기 때문입니다. 러시아인들은 이 방향으로 다양한 제안을 했고, 90년대 초반에 미국도 클린턴 이전에는 그랬습니다. 하지만 미국은 '평화를 위한 파트너십'이라는 프로그램을 시작했고, 이것은 나토를 없애지 않기 위한 일종의 방관 정책이었습니다. 나토 회원이 아니어야 '평화를 위한 파트너십'의 회원이 될 수 있습니다. 예를 들어 타지키스탄도 회원입니다. 러시아도 관심을 보였고, 그들은 계속해서 서유럽과 어떻게든 합류하려고 시도했습니다. 심지어 2007년에 푸틴은 어떻게 서유럽과 협력할 수 있는지에 대한 상당히 화합적이고 건설적인 다양한 아이디어를 포함한 중

요한 연설을 뮌헨에서 했는데, 이는 당시 무시되었습니다.[07] 나는 미국이 나토와 함께 러시아의 이익을 직접적으로 위협하는 행동을 하고 있으며 의도적으로 러시아를 모욕하는 방식으로 행동해 왔다고 말할 수밖에 없습니다.[08]

촘스키 교수는 다시 한 번 평화를 지향한 고르바초프의 노력과 푸틴의 서유럽과의 협력 시도를 언급하고 있다. 중요한 것은 소련의 붕괴 이후 고르바초프와 옐친, 푸틴 모두 지속적으로 서유럽과의 연대 및 협력을 원했지만 번번히 거부당했다는 것이다. 군사동맹 없는 유럽공동체에 대한 꿈이 실현 불가능하자 러시아는 나토의 동진에 위협을 느낄 수밖에 없었으며, 우크라이나와 조지아를 레드라인이라 지정하며 완충국의 필요성을 강조했던 것이다.

이번 사태의 원인에 있어서, 러시아는 서방의 무기나 군사가 배치되지 않는 완충지대가 필요했던 것으로 보인다. 그것을 위해 러시아는 오랫동안 우크라이나와 조지아의 나토 가입은 용납할 수

---

07 푸틴은 집권 초기 서방과의 적극적인 협력을 원했고, 2000년 3월 대선에서 나토에 가입할 수 있음을 시사한 바 있으며, 6월 클린턴과의 정상회담에서 나토 가입에 대해 언급한 바 있다. 하지만 전혀 진척되지 않았다. 2007년 2월 독일 뮌헨에서 열린 국제안보회의에서 푸틴은 세계가 미국을 중심으로 '하나의 주권, 단극체제'를 이루고 있으며, '이라크 전쟁처럼 국제관계에서 무력이 절제 없이 사용되고 있음'을 언급했다. 세계의 다극화를 주장했고, 나토의 동진에 대한 위험성을 강조하여 세계를 놀라게 했다.

08 Ukraine and NATO, 6:55

없음을 강조했고, 마지막 순간까지 우크라이나의 나토 가입에 대해 경고했던 것이다. 촘스키 교수는 이에 대한 해법은 우크라이나의 중립화이며, 젤렌스키 대통령이 현명하게 제안한 바를 따르기만 하면 된다고 설명한다. 현재 중립화와 관련해서는 우크라이나와 러시아 모두 합의를 했고, 나머지 세부 사항의 협의가 진행 중이다. 조속한 평화 협정을 위한 국제사회의 조력이 필요하다.

03
"유럽에 나토가 왜 필요한가"

– 핀란드와 스웨덴의 나토 가입

우크라이나 사태는 모든 전쟁이 그러하듯이 초기의 예측과는 다른 양상을 보여주었다. 그 중 대표적인 향방으로는, 브렉시트로 결집력이 느슨해졌던 유럽연합이 결속하고, 안보에 위협을 느낀 유럽 국가들을 통해 유명무실했던 나토가 부활 내지 강화되었다는 점이다. 촘스키 교수는 이러한 상황을 "푸틴 대통령이 미군에 준 선물Putin's gift to the US"이라고 언급하며, "그의 침략은 범죄행위이며, 동시에 매우 어리석은 행동The aggression was a criminal act, and it was also a very stupid act"이었다고 언급한다. 왜냐하면 "그가 한 일은 미국이 가장 원하는 일What he did was give the US its fondest wish"이었기 때문이다.

안보의 위협을 느낀 유럽 국가들은 미국으로부터 다량의 무기를 구입했을 뿐만 아니라 중립국인 핀란드와 스웨덴이 함께 나토에 가입하겠다고 선언했고, 결국 2022년 6월 나토정상회의에서 이 두 국가의 가입이 승인됐다. 나토는 구소련을 견제하기 위한 군사동맹으로서 소련의 붕괴 후에는 불필요한 조직으로 유럽국가와 러시아 간의 충돌과 반목의 소지만을 가지고 있었다. 러시아는 소련 붕괴 후 고르바초프 시절부터 군사동맹 없는 유럽공동체를 구상했고, 서유럽과의 평화를 위해 나토 가입에까지 여러 차례 손을 내밀었으나 거절당했다. 촘스키 교수 역시 평화가 아닌 세계 질서의 편가르기를 조장하는 것에 반대한다. 즉 나토를 강화시키는 것은 바람직하지 않은데, 중립국인 핀란드와 스웨덴이 나토에 가입하는 것은 그가 보기에 이치에 맞지 않는 것이다.

> 핀란드와 스웨덴이 나토에 합류하는 것은 어떻습니까? 이제 여기서 우리는 유럽식 사고의 흥미로운 모순을 볼 수 있습니다. 한편으로 유럽인들은 러시아군이 너무 무능하여 국경에서 30km 떨어진 도시조차 점령할 수 없는 빈 껍데기라는 사실을 강조하고 있습니다. 하지만, 다른 한편으로는, 서유럽에 대한 러시아군의 공격으로부터 자신을 방어해야 한다고 러시아군을 엄청난 위협으로 느낍니다. 말이 안됩니다. 핀란드와 스웨덴이 나토에 가입함으로써 그들이 얻는 것은 미국에게 유럽을 지배하라고 선물을 주는 것 외에는 아무것도 없습니다. 냉전 기간 동안 오스트리아, 핀란드는 중립국이었고, 발트해 연안 국가에는 어떠한 위협도 없었습니다. 이미 말했듯이, 러시아 군대가 국

경에서 몇 마일 떨어진 도시도 점령할 수 없다는 것을 보았는데, 오늘날 위협을 느껴야 할 이유가 없습니다. 여러분은 거의 모든 이야기가 이 전쟁을 어떻게 처리해야 하는지에 관한 것임을 알아차렸을 것입니다. 그렇습니다. 뭔가가 빠져있습니다. 그런데 평화를 위한 방법에 대한 이야기는 어디에 있습니까? 우크라이나인들의 더 큰 비극을 막기 위한 노력은 어떻습니까?[01]

우크라이나 사태 직후 러시아가 국경 가까이에 있는 키이우도 바로 함락시키지 못한 것에 대해 러시아의 국방력을 '종이호랑이'에 비유해 오던 유럽 국가들이 안보에 위협을 느낀다는 것 자체가 모순이다. 실제로 러시아는 핵무기에 있어서는 미국을 압도하는 세계 최강국인 것이 맞지만, 군대와 국방력이 우리가 기대했던 것보다 부실하다는 사실이 이번 전쟁에서 입증되었다. 따라서 유럽의 국가들이 안보 위협을 느껴 무기를 구입하고, 나토에 가입하는 현 상황은 오히려 이 지역의 불안만을 고조시킬 뿐이다. 더구나 우크라이나 사태의 근본적인 원인이 나토의 확장에 있다는 것을 감안한다면 스웨덴과 핀란드의 나토 가입은 오히려 러시아의 안보 불안을 부채질하는 격이다. 이에 대해 촘스키 교수는 큰 우려를 표명하고 있다.

01　Ukraine and NATO, 11:56

" 스웨덴과 핀란드에서 벌어지고 있는 일은 놀랄 만합니다. 그들은 두 가지 입장을 가지고 있습니다. 한 가지 입장은 러시아가 종이호랑이라는 사실에 꽤 만족하고 있다는 것입니다. … 또 다른 견해는 러시아의 무시무시한 군사 기계가 세계에서 가장 거대한 군사시스템을 공격하고 유럽을 압도할 것이라고 믿고 있습니다. 이러한 두 가지 견해가 동시에 존재합니다. 이것은 조지 오웰이 '이중화법 doublespeak'이라고 말한 것의 대표적 예입니다. 다시 말해, 두 개의 완전히 상반된 생각을 동시에 믿는 것입니다. 이것이 현재 진행되고 있는 일입니다. 그들이 내게 말한 것에 따르면, 이것은 전혀 논의조차 되지 않습니다. 열광주의자는 너무 극단적이어서 완전히 상반된 생각을 마음 속에 품고 있다는 사실을 꺼낼 수가 없습니다. 어떤 것이 옳습니까? 옳은 것은 러시아인들이 군사력의 무능함을 보여주었다는 것입니다. 다른 나라를 공격할 가능성은 거의 제로라는 점입니다. 그런데도 당신은 긴장을 높이고 싶습니까? 그럼 나토에 가입하십시오. 긴장을 높이는 가장 좋은 방법입니다. 그것말고는 자신을 방어할 수 없으니까요.⁰² "

특히 러시아는 핀란드와 스웨덴에 대한 어떠한 정복 혹은 침략 의지가 없다. 러시아는 우크라이나에 대해서도 제국주의적 침략,

---

02 Ukraine and nuclear armageddon, 45:49

즉 영토 확장을 위한 침략이 아님을 여러 차례 밝혔다. 나토의 확장에 대한 여러 차례 경고에도 불구하고 도발된 상황에 대해 자국을 보호하고자 한 것이라고 밝히고 있다. 전쟁의 대상국도 그러한데, 다른 유럽국에 대한 침략 의도가 있을 리가 없다. 핵무기를 제외한 군사력도 의심스러운 데다가 1년 GDP 규모도 미국의 하나의 주^{state}에 불과하다. 러시아의 안보를 위협하지 않는 이상 유럽의 어느 나라를 침략할 이유가 없는 것이다. 이러한 상황에 핀란드와 스웨덴이 안보 위협을 느껴 나토에 가입한다는 것은 납득하기 힘든 상황이다.

> 러시아가 군사적 능력이 전혀 없다는 것은 커다란 흥분으로 인식되고 있습니다. 러시아는 스웨덴, 핀란드, 또는 다른 어느 나라도 정복하려는 의도가 보이지 않습니다. 나토는 다른 군대와 다름없습니다. 공격적인 군사동맹입니다. 물론, 명백한 누군가에게는 큰 위협입니다. 그러나 우리는 군사적 능력이 없다고 인정하는 상대로부터 우리 자신을 보호하기 위해 긴장을 증가시켜가며 나토에 가입해야만 합니다. 이것이 지금 상황입니다. 나는 이것에 대한 해명을 스웨덴에게 맡기렵니다.[03]

---

03 "Sweden in NATO?", 14:46

더구나 핀란드와 스웨덴은 유럽의 선진국이자 중립국이며 꽤 강력한 군사 시스템을 가지고 있다. 중립국이지만 자국의 안보를 위해 군사력을 확보하는 것은 타당하지만 군사동맹에 가입하는 것은 중립국의 취지에 맞지 않다. 기본적으로 평화를 지향하기 위해 중립을 지키는 것인데, 한쪽 진영 논리를 부추기는 중립국의 나토 가입은 유럽 전체의 안보 불안을 부추기는 역할만을 담당할 뿐인 것이다.

> 스웨덴과 핀란드는 상당히 강력한 군사 시스템을 가지고 있습니다. 그들은 이미 부분적으로 나토에 통합되어 있으며, 공식적으로는 아니지만, 합동훈련도 하고, 무기를 판매하는 등의 일을 하고 있습니다. 스웨덴의 Saab 군수회사에게 더이상 장벽 없이 나토에게 문이 활짝 열려 있다는 것은 좋은 일이 되겠지요. 핀란드도 마찬가지입니다. 실제로 핀란드는 유럽 국가 중 가장 큰 무기보유고를 가지고 있으니까요. 그런데 안보와 무슨 상관입니까? 우습네요. 첫째, 러시아는 이 아이디어에 암시조차 한 적이 없었고, 이것은 미친 짓이 될 수 있습니다. 그들은 국경에서 몇 마일 떨어진 곳에서 아무것도 할 수 없습니다. 이들은 강력한 국가들입니다. 같은 두 가지 생각에 사로잡혀 있는 유럽을 보면 그들은 독일처럼 군사력을 키워야 합니다. 독일은 더 군사력을 키워야하고, 유럽에서 가장 강력한 군사력

을 갖추게 될 것입니다. 현재 예측에 따르면 몇 년 안에 독일군은 러시아보다 더 강력하게 될 것입니다. 그것이 어떤 기억을 일깨우나요? … 여러 이슈가 있습니다. 나토 회원이 된다는 것은 핀란드와 스웨덴의 우익에게는 도움이 됩니다. 내부적으로 우리가 종이호랑이에 맞서 완전무장하여 방어해야 하기 때문에 그들은 사회민주주의 이니셔티브를 무너뜨릴 수가 있습니다. 우리에게는 익숙하지 않지요. 모든 것이 중요하지만, 안보는 아닙니다.[04]

촘스키 교수가 지적하고 있듯이, '종이호랑이'라고 비난하면서 안보 불안을 이야기하는 스웨덴과 핀란드의 태도는 매우 이상한데, 거기에는 자국의 놀라운 이권이 개입되어 있었던 것이다. 우익을 위한 정치적 이권, 군수회사들의 경제적 이권이 그것이다. 나토, 즉 미국이 주도하는 군사동맹의 존재는 이 모든 것들을 조직적으로 움직이는 미국과 유럽의 매출원이자 정치도구였던 것이다.

그 모든 것을 제쳐두고 스웨덴과 핀란드는 상당한 군사 강국입니다. 미국이나 영국과 같은 규모는 아니지만, 상당히 규모가 큽니다. 내가 지금 인용할 군사 소식통인 대서양 의회에 따르면, 핀란드는 가장 큰 예비군을 보유하고

---

04 Ukraine and beyond, 1:15:18

있으며, 280,000명의 병력을 동원할 수 있습니다. 작년에 F-18 전투기를 세계 최고인 F-35 전투기로 교체하기로 결정하여 공군을 유럽 최고로 만들었습니다. 공군의 경우, 스웨덴도 병력을 강화해오고 있습니다. 군수 사업은 미국과 매우 밀접하게 통합되어 있어 미국은 스웨덴 군수산업을 미국 시스템의 일부로 간주하여 스웨덴에 대해 '미국산 구매' 조건을 완화하기까지 했습니다. 핀란드와 스웨덴은 미국과 나토 모두와 긴밀한 관계를 맺고 있습니다. 그들은 발칸 반도와 아프가니스탄을 포함하여 대부분 공세와 침략을 의미하는 지역 밖 작전에 참여합니다. 그리고 그들은 나토 훈련에 참여하지만 허우적거리는 종이호랑이로부터 자신을 보호하는 데는 충분치 않은 모양입니다. 그것이 나를 당혹스럽게 하는데, 당신은 내가 놓치고 있는 부분을 설명해 줄 수 있겠습니까?[05]

우크라이나의 중립화가 현재로서는 이 사태의 최선의 해결 방안 중 하나가 되겠지만, 촘스키 교수는 궁극적으로 유럽 전체가 중립 노선을 걷는 것이 향후 평화 유지를 위한 최선의 방안임을 강조한다. 이미 드골과 고르바초프가 주장한 바 있는 이 노선을 지금이라도 마크롱 대통령을 위시하여 러시아의 훌륭한 지도자가 추진할 수 있다면 오늘날의 끔찍한 전쟁은 없었을 것이라고 말한다.

---

05 "Sweden in NATO?", 4:55

" 정치지도자 제레미 코빈Jeremy Corbin이 있습니다. 그는 끔찍한 발언을 하여 사실상 영국 노동당에서 쫓겨났습니다. … 물론 이것이 러시아의 범죄적 도발과는 아무 상관이 없지만, 그는 우크라이나 문제가 해결된 후에 나토와 같은 군사동맹의 존재가 좋은 생각인지 생각해보아야 한다고 말했습니다. 아니면 언젠가 우리는 군사동맹 없는 시스템으로 이동하는 것에 대해 생각해보아야 한다고 말했습니다. 다시 말해, 군사동맹 없는 유럽-대서양 동반자 관계로부터 유럽에 제안된 목표를 추구해야 할까요? 또는 고르바초프가 제안한 것, '군사동맹 없는 리스본에서 블라디보스톡까지, 유럽, 공동의 집'을 추구해야 할까요. 또는 부시 대통령이 제안한 것, 두 번째가 아닌 첫 번째 부시 대통령이 제안한 것을 추구해야 할까요, 90년대 초반, 부시 대통령은 유럽의 모든 국가가 가입할 수 있는 '평화를 위한 동반자 관계'를 제안했고, 그것이 제대로 실행되었다면, 나토는 해산되지는 않았더라도 주변화되고 구석으로 밀려났을 것입니다.[06] "

고르바초프의 '유럽, 공동의 집' 구상은 유럽 전체를 군사동맹 없는 하나의 평화 공동체로 만드는 구상이다. 이것은 드골에서 시작되어 고르바초프가 적극 주창하였다. 하지만 유럽에서 적극적으

---

06 "Sweden in NATO?", 18:52

로 수용되지 않았다. 소련의 붕괴 당시 고르바초프와 옐친은 친서방 정책을 펴면서, 심지어 나토 가입까지 추진했었다는 사실은 놀랍다. 그만큼 서구 자유주의에 대한 열망이 있었고, 사회주의의 패배를 인정하는 것이었다. 그만큼 더 놀라운 것은, 냉전의 종식을 확고히 하고 세계의 평화에 더욱 이바지할 수 있는 소련의 나토 편입을 서방이 받아들이지 않았다는 점이다. 오히려 미국은 서유럽과 소련의 통합을 두려워했던 것으로 보인다. 미국은 소련이 붕괴하였음에도 나토의 해체를 거부하였고, 소련의 나토 가입도 거부하였으며, 고르바초프의 군사 동맹 없는 유럽공동체 구상도 무시하였다. '유럽, 공동의 집' 구상이 군사 동맹인 나토를 해체시키자는 구상이었으므로, 그 대안으로 나토 산하에 '평화를 위한 파트너십'을 신설하고, 동유럽 및 소련의 점진적인 편입을 유도하고자 하였으나, 이 역시 유명무실한 기구로 남아 있을 뿐이다. 냉전 아닌 냉전의 구도는 그 이후에도 계속 지속되어 온 셈이다. 촘스키 교수는 '러시아가 그동안 무시당해왔다'는 점을 간과하지 않는다. 지금이라도 유럽의 중립 노선은 지켜져야 하며 '유럽, 공동의 집' 구상이 실현되어야 함을 주장한다. 우크라이나 사태에 있어 다시금 이 구상을 대안으로 내어 놓은 것은 획기적이다.

04
"우크라이나 전쟁에 우크라이나는 없다"

- 이 전쟁은 대리전

'이 전쟁은 대리전인가'라는 질문에 촘스키 교수는 그렇다고 답한다. 이 전쟁이 미국과 러시아의 대리전임을 아무도 부인하기 어려울 것이다. 미어샤이머 교수가 언급한 바와 같이, 이 전쟁의 승자는 누가 될지 모르지만, 패자는 확실히 우크라이나이다. 국토는 황폐화되었고, 국민은 사상자가 되거나 난민이 되고 있다. 현재 미국의 정치계에서 떠도는 말들은 '미국이 러시아와의 대리전을 위해 우크라이나를 이용하고 있다'는 것이다.[01] 일단 촘스키 교수의 말을 들어보자.

---

01 잡지 'The Gray Zone'의 아론 마테와 차스 프리먼의 인터뷰 중. 기사 제목: 'US fighting Russia 'to the last Ukrainian': veteran US diplomat'

> 미국과 러시아는 간접적으로 전쟁 중입니다. 러시아가 우크라이나를 침공했습니다. 대규모 공격을 위해 지금 국경지대를 따라 돈바스 지역에 명백히 군대를 집결하고 있으며, 이들은 분명히 전쟁 중입니다. … 만일 이 전쟁이 실제 전쟁으로 바뀌면 우리는 모두 끝난다는 것을 양측은 알고 있습니다. 우리는 끝입니다. 강대국 사이의 핵전쟁은 모든 것을 파괴할 것입니다. 이것이 우리가 서 있는 곳입니다.[02]

대리전proxy war은, 주로 강대국 간 충돌이 핵전쟁 등 세계대전으로 발전할 수 있기 때문에 강대국 측에서 차악의 형태로 선택하는 개념 중 하나였다. 우리의 역사상 얼마나 많은 대리전이 존재해 왔던가. 촘스키 교수는 베트남 전쟁, 중동전쟁, 아프간 전쟁, 이라크 전쟁, 시리아 내전, 예멘 내전 등의 실례를 거론하며 강대국의 논리에 의해 발생한 이 전쟁들로 인해 현지인들이 얼마나 큰 고통을 받아왔는지를 소상히 밝히며 강하게 비판한다.

> 가장 끔찍한 예가 아프가니스탄입니다. 말 그대로 수백만 명의 사람들이 기아라는 엄청난 비극에 직면해 있습니다. 시장에는 음식이 있지만 은행에 접근할 수 없기 때

02　Ukraine and NATO, 20:50

문에 약간의 돈이 있는 사람들도 자녀의 기아를 보고만 있어야 합니다. 우리는 그것에 대해 무엇을 할 수 있습니까? 미국 정부가 아프간 자금을 풀도록 압박하십시오. 이 자금은 워싱턴이 20년 전쟁에 대담하게 저항한 가난한 아프가니스탄인들을 처벌하기 위해 뉴욕 은행에 동결시킨 것입니다. 자금 동결의 공식적인 구실은 더욱 부끄럽습니다. 그것은 미국인들이 9.11 범죄에 대한 배상을 원하기 때문에 굶주린 아프가니스탄의 자금을 보류해야 한다는 것입니다. 아프가니스탄 사람들에게는 책임이 없는 이 범죄는 탈레반이 알카에다 용의자들을 넘겨주겠다고 완전한 항복을 제안했었다는 사실을 상기하게 합니다. 그러나 미국은, 조지 W. 부시 대통령이 되풀이한, 전쟁의 수석 설계자인 도널드 럼스펠드 국방장관이 '우리는 항복 협상을 하지 않는다.'는 칙령으로 단호하게 대응했습니다. 강력한 서구의 선전 시스템에서 벗어나 명백한 사실을 볼 수 있다면 우리가 할 수 있는 일과 배워야 할 교훈이 많습니다.[03]"

 아프가니스탄은 19세기 이래로 여러 차례의 내전 이외에도 영국-아프간 전쟁, 소련-아프간 전쟁, 미국-아프간 전쟁을 겪으면서

---

03 'Ucrania: Solucion Negociada, Seguridad Compartida', 5:34

강대국의 대리전 성격을 띠는 많은 전쟁이 벌어지는 참상을 겪었다. 영국, 소련, 미국이 모두 패퇴하고 물러난 아프가니스탄은 '제국의 무덤'으로 불리는데, 최초의 전쟁이 '그레이트 게임'으로 불리는 영국과의 전쟁이다. 부동항을 찾기 위한 러시아의 남하를 저지하고자 영국이 아프간을 침공한 전쟁이 3차까지 이루어진 영-아프간 전쟁이다. 이후 비동맹 노선을 추구한 아프간은 소련과도 적절한 친교를 맺었고, 이에 소련의 영향으로 공산정권이 수립되면서 공산정권과 반공게릴라 무자헤딘 간의 내전이 일어나게 되었다. 급기야 카르말 공산정권의 지원 요청에 1979년 소련은 아프간 내전에 참전하여 10년간 개입한 전쟁이 소련-아프간 전쟁이다. 이로 인한 막대한 군사비 부담으로 인한 여파가 소련의 붕괴를 이끌었다는 것이 중론이다. 베트남 전쟁과 키프로스 전쟁 당시 중국과 소련이 무기를 제공했듯이, 이때 미국을 비롯한 많은 국가들이 무자헤딘을 지원하고 무기를 제공하여 이 전쟁들을 대리전으로 부른다.

상기 예문에서 촘스키 교수가 이야기하고 있는 전쟁은 9.11 테러 이후 부시 대통령이 일으킨 미국-아프간 전쟁을 말한다. 9.11 테러의 주범인 알 카에다와 오사마 빈 라덴을 지원하는 탈레반 정권을 축출한다는 명분으로 시작한 전쟁은 2001년 10월 7일 시작되어 20년 동안 계속되었다. 나토 동맹국이 모두 참전한 전쟁으로 초기에는 명분이 있는 정당한 전쟁처럼 보였으나 탈레반 정권의 붕괴 후에도 민주정권을 세운다는 이유로 20년간의 전쟁을 장기화하여 피해를 극대화시켰다. 또한 상기 촘스키 교수가 지적한 것과 같이 아프간 자금 동결과 항복을 고의로 결렬시킨 것 등은 반인류적 행위로 비판받아 마땅하다.

　미국이 개입된 각종 전쟁은 촘스키 교수의 비판의 대상이 되고 있다.

> 유엔이 세계에서 가장 심각한 인도주의적 위기로 묘사하는 다른 사례로 돌아가 봅시다. 예멘의 공식 사망자 수는 지난해 37만 명에 달했습니다. 정확한 통계는 아무도 모릅니다. 산산조각난 나라가 대규모 기아에 직면해 있는 것입니다. 사우디 아라비아는 분쟁 전반에 걸쳐 식량과 연료 수입에 사용할 수 있는 유일한 항구에 대한 봉쇄를 강화했습니다. 유엔은 수십만 명의 어린이가 기아에 직면할 것이라는 극단적 경고를 발령하고 있습니다. 경고는 미국 전문가들에 의해 반복되고 있습니다. … 사우디의 공세는 전쟁범죄로 조사되어야 하고 그것을 실행하는 사람들에 대해서도 마찬가지입니다.[04]

　예멘에서는 하디 정부군과 후티 반군이 2004년 내전을 시작하였고, 휴전 후 2012년 내전이 재개되었다. 2015년 일반적인 내전 형태에서 벗어나 강대국의 패권 경쟁으로 발전된 예멘의 내전은 이란이 반군을, 사우디아라비아 주도의 아랍연합군과 미국이

04　'Ucrania: Solucion Negociada. Seguridad Compartida', 7:41

정부군을 지원함에 따라 국제화된 양상을 보여주고 있다. 바이든 행정부는 전쟁의 종식을 위하여 사우디에 더 이상 무기를 공급하지 않겠다고 선언한 바 있으나 기아로 인한 죽음에 임박한 아이들에 대한 대책 마련은 이루어지고 있지 않다. 미국의 주도 하에 지금까지 계속되고 있는 전쟁은 예멘 내전만이 아니다. 이스라엘-팔레스타인 문제와 미국과 러시아의 대리전으로 알려져 있는 시리아 내전에 이르기까지 우크라이나가 아닌 다른 지역에서도 전쟁은 계속되고 있고, 이 모든 전쟁에 미국이 개입되어 있다. 촘스키 교수는 전쟁 자체의 참상보다 이로 인한 기아와 기아로 인해 죽음에 직면한 많은 어린이들의 모습을 통해 심각한 인권의 문제를 다룬다.

> 영국도 다른 서방 강대국과 함께 범죄에 가담하고 있지만 미국이 선두를 달리고 있습니다. 따라서 우리가 선택한다면 형언할 수 없는 고통으로부터 인구를 구할 수 있고 여러가지 교훈을 얻을 수 있습니다. 그 대신 우리는 범죄와 적들에 대한 유창하고 효과적인 비난을 할 준비가 되어 있어야 합니다. 이것은 훨씬 더 쉽고 편리합니다. 이것은 새로운 것이 아니며, 미국의 발명품이 아닙니다. 여기에는 글로벌 패권이 있고, 미국이 이러한 불명예에 앞장서고 있습니다. 가자지구의 세계 최대 야외 교도소[05]를 예로 들어보

---

05 이스라엘은 팔레스타인 자치 구역인 가자지구에 하마스 무장단체가 있다는 이유로 철벽을 설치하여 세계에서 가장 큰 야외 감옥을 만들었다. 첨단장비를 갖춘 철벽은 6m가 넘는데, 지상은 물론 하마스가 땅굴로 침투한다고 하여 지하도 철벽을 두르고 땅굴감지 센

겠습니다. 대량학살이 이루어진다면 보기에 좋지 않기 때문에 200만 명이라는 거주민의 절반인 어린이들이 간수가 말하는 대로 생존에만 충분한 식단으로 살고 있습니다. 그러나 거기에는 식수와 하수도가 거의 없고, 발전소가 반복되는 공격에 의해 파괴되고 있습니다.[06]

촘스키 교수는 많은 글들과 영상을 통해서 미국이 지원하거나 벌인 전쟁에 날선 비판을 하고 있다. 촘스키 교수가 미국의 대리전 형태로 진행된 많은 전쟁들을 우크라이나 사태에 비견하는 이유는 이 전쟁의 원인과 과정을 명백히 파악하고, 차후의 더 큰 피해를 줄이기 위해서 미국의 조속한 외교적 노력을 촉구하는 것이다.

미국이 도발하거나 무기를 지원하여 러시아를 고립시키고 괴멸시키기 위해 작전을 펼치는 것에 대해 촘스키 교수 역시 매섭게 비판하고 있다.

> 워싱턴은 우크라이나의 범죄가 전개되고 있는 과정에 대해 상당히 만족하고 있을시도 모릅니다. 아마도 최근에

서를 장착했으며, 바닷길도 봉쇄했다. 200만명이 살고 있는 가자지구는 80% 이상의 인구가 보급품에 의존하고 있어, 이스라엘의 봉쇄조치에 인권단체들의 항의가 빗발치고 있다.

06 'Ucrania: Solucion Negociada. Seguridad Compartida', 9:47

힐러리 클린턴이 제안한 것처럼[07] 러시아의 철수 노력을 방해하면서 아프가니스탄을 황폐화시킨 아프간 스타일의 폭동을 지원할 가능성이 있습니다. 이는 공개된 러시아 기록 보관소에 의해 입증되었으며, 이미 과거에 소비에트 연방의 몰락에도 기여했습니다. 카터의 국가안보보좌관인 즈비그뉴 브레진스키라는 저명한 전략 분석가는 러시아가 아프가니스탄을 침공하도록 촉발한 데 대한 공로를 인정받았습니다. 그는 수백만 명의 아프가니스탄인의 운명이 세계의 적을 무너뜨리는 것과 비교한다면 거의 중요하지 않다고 설명했는데, 수백만 명의 우크라이나인이라고 다르겠습니까.[08]"

아직 이 전쟁은 끝나지 않았다. 하지만 언제까지 실체 없는 대리전에서 우크라이나는 피해를 안고 갈 것인가. 미국이 협상에 반대하지 않았다면, 서방의 무기 지원이 지속되지 않았다면, 이 전쟁

---

07 "러시아군은 1980년에 아프가니스탄을 침공했고, 그 나라에 들어갔음에도 불구하고, 확실히 많은 국가들이 무기와 조언을 제공했으며, 심지어 러시아와 싸우기 위해 모집된 사람들에게 조언자를 제공했습니다. 전쟁은 러시아인들에게 좋게 끝나지 않았지요. 우리가 알고 있는, 의도치 않은 결과들이 있었는데, 그것은 동기부여되고 자금이 지원된 무장한 반군이 러시아인들을 아프가니스탄에서 몰아냈다는 것입니다. 지형, 도시 지역 개발 등이 너무 다르기 때문에 두 전쟁의 유사성이 명확하다고 말할 수는 없겠지만, 사람들이 지금 찾고 있는 모델이라고 생각합니다." 힐러리 클린턴의 인터뷰 클립 영상은 많은 뉴스에서 인용되었다. Hilary Clinton Wants To Turn Ukraine Into Afghanistan. https://www.youtube.com/watch?v=QPF_aYJNorw 11:42

08 'Ucrania: Solucion Negociada. Seguridad Compartida', 25:54

이 계속되고 있을 것인가. 이제 이 대리전은 끝내야 한다. 촘스키 교수의 날선 비판은 비판을 위한 비판이 아니다. 미래지향적 비판이다. 과거의 전쟁이 그러했듯이, 전쟁의 참상은 전쟁이 끝난 후에도 계속된다. 현재 우크라이나의 난민은 800만 명을 넘어섰다. 우리는 우크라이나에서의 사상자와 난민을 이제 그만 만들어야 할 것이다. 전쟁을 끝내기 위한 노력, 그것이 우리가 해야 할 일이다.

05

"러시아는 도발되었다!"

– '우크라 함정'에 빠진 러시아

우크라이나 전쟁의 전말을 보면 사태의 초기 상황에서부터 소련-아프간 사태의 기시감이 든다. 러시아는 끊임없이 나토의 동진에 대해서 경고를 하지만, 미국은 우크라이나를 향해 나토 가입을 권유하고 나토와의 협약을 맺고 합동 훈련을 추진하며, 러시아가 우크라이나를 침공할 것이라는 보도를 내보내며 지속적인 도발을 시행한다. 2022년 2월의 일이다. 바이든 대통령은 러시아의 우크라이나 침공 날짜를 발표하기까지 했다. 촘스키 교수는 우크라이나 사태에 있어 미국의 도발 여부는 분명하다고 설명한다.

> 이라크 침공은 전혀 이유가 없었습니다. 거기에는 도발의 흔적이 전혀 없습니다. 명백한 침략행위이고, 전혀 정당

성이 없는 전쟁인 것입니다. 우크라이나 침공은 범죄 행위임은 분명하지만 확실히 도발되었습니다. 나는 몇 가지 증거만을 보여주었지만, 증거는 셀 수 없이 많습니다. 진실은 압도적으로 진술된 것과 정반대입니다. 내가 '여론 조작'[01]을 들먹이지 않더라도, 매우 충격적인 예는 정부, 미디어, 정치 계급의 이익에 따른 자기 기만이라 할 수 있습니다. 일어난 일의 반대를 주장하는 데는 매우 획일적입니다. 매우 인상적으로 훈련되었지요.[02]

    촘스키 교수는 '아프간 함정'이라 알려져 있는 브레진스키 전 안보보좌관의 아프간 내전 개입에 있어 소련을 어떻게 도발했는가에 대한 진술에 방점을 둔다. 예나 지금이나 미국의 전략적 대외정책에 '러시아를 약화시키라'는 기본 기조는 변함이 없는 것이다. 이에 대한 촘스키 교수의 진술은, '아프간 함정'이 그렇듯, 이번 우크라이나 사태 역시 러시아를 도발시켜 이 전쟁에 개입시키려고 한 것이 전략적으로 계획된 것임을 보여주고 있다.

    "이라크 침공은 전혀 도발되지 않았습니다. 거기에는 도발의 흔적이 없습니다. 체니와 럼스펠드는 사담 후세인

---

01   촘스키 교수는 동명의 책 "Manufacturing Consent"을 출판했다.
02   WAR in Ukraine is "AN INSANE EXPERIMENT" by the USA!, 15:16

이 알카에다와 관련이 있다는 어떤 증거를 도출하기 위해 고생을 해야했습니다. 사라지고 있는 대량살상무기라도 그것이 존재한다고 믿을 만한 이유가 있었다면 도발은 없었을 것입니다. 이것은 전혀 이유가 없는 침공이었습니다. 이에 반해서 우크라이나 침공은 완전히 도발되었습니다. 그러나 이 미친 분위기에서 당신은 이것을 정당화시킬 수 없는 진실을 추가해야 합니다. 다행히 기록을 통해 남아 있는 도발들이 많이 있습니다. 그것은 전 CIA 국장이 인정한 것입니다. 30년 동안 도발에 항의해 온 미국 대사들이 나토 사무총장 스톨텐베르그를 향해 마지막 순간까지 항의했습니다. 그들은 2014년부터 미국이 우크라이나에 무기를 쏟아붓고 우크라이나 장교를 훈련하고, 그들과 합동군사훈련을 실시한다고 말하며, 나토와 함께한다고 자랑스럽게 발표했습니다. 이것은 도발입니다. 러시아가 우크라이나에 대한 안보 우려를 가지고 있다는 것은 모든 사람들이 알고 있습니다. 다른 것이 생각나지 않는다면 바르바로사 작전을 생각해 보십시오. '우크라이나인들의 참여로 우크라이나를 뚫고 들어가라.'03 지난 9월 미국 정부는 정책 성명[부록4]을 발표했습니다. 미국 언론은 이를 미국인들에게 공개하지는 않았지만, 러시아정보부는 확실히 백악관

---

03 바르바로사 작전에서 독일군은 소련을 공격하기 위해 우크라이나를 뚫고 들어갔다. 촘스키 교수는 이것을 이번 전쟁에 빗대고 있다. 왜냐하면 미국이 우크라이나인들을 훈련시키고 준비시켜서 도발했기 때문이다. 따라서 미국(나토)은 러시아를 공격 혹은 도발하기 위해 우크라이나인들의 참여로 우크라이나를 뚫고 들어간 셈이다.

웹페이지를 읽었을 것입니다. 그것은 우리가 우크라이나의 나토에 대한 군사적 통합을 향한 우리의 프로그램을 계속하고 강화해야 한다고 말하고 있습니다. 합동군사훈련, 새로운 무기, 나토가입을 위한 강화된 프로그램, 이것이 도발이 아닌가요? 그렇습니다. 이것은 도발이며, 이것은 계속되었습니다. 미 국무부는 침공 이전에 미국이 러시아의 안보 문제에 대한 고려를 거부했다고 공식적으로 발표했습니다. 이것이 미국의 국무부입니다. 여기에 도발이 있나요, 없나요?04

그렇다. 우리가 이미 여러 차례 검토한 바와 같이 미국은 30년 전의 약속을 클린턴 시대부터 깨기 시작하였고, 여러 차례 독일과 프랑스가 거부한 우크라이나의 나토 가입을 가능하다고 회유하여 작년 정책 성명과 우크라이나와의 합의 성명에까지 다다른다. 합동군사훈련까지 하며 러시아를 도발하기에 이르는데, 이것이 소련-아프간 전쟁과 유사하다고 보는 이유는 브레진스키가 아프간 전쟁에 소련을 끌어들이기 위해 덫을 놓았다고 진술하였기 때문이다. 다시 소련-아프간 전쟁으로 돌아가보자.

소련-아프가니스탄 전쟁은 1979년 12월부터 1989년 2월까지 10년 가까이 지속된 전쟁이다. 소련의 지원을 받은 아프가니스탄 민주공화국과 '무자헤딘'이라는 반군 세력의 내전인데, 무자헤딘

---

04 "Sweden in NATO?", 23:57

은 기독교 및 이슬람 국가들의 지원을 받았고, 정부군은 소련의 지원을 받아 대리전의 형태를 유지하다가 결국 아프간 정부의 요청을 받은 소련정부가 1979년 12월 24일 제40군을 배치하면서 전면 침공에 들어갔다. 무자헤딘은 미국, 영국, 이집트, 사우디아라비아, 서독, 이란, 중국의 지원을 받았는데, 소련이 참전하기까지의 과정은 미국에 의해 매우 치밀하게 계획된 것으로 '아프간 함정', '곰덫', '소련판 베트남 전쟁'으로 불리고 있다. 이 전쟁은 결국 소련의 붕괴에도 크게 기여하였기에, 이것을 기획한 브레진스키는 언제나 자랑스럽게 이야기하곤 했다.[05] 1979년 미국 CIA가 아프가니스탄에서 비밀 반대세력을 훈련하고 무장시키기 시작한 이래 소련이 아프간에 파병하도록 유도하여 종국에는 소련의 해체에까지 이르게 한 10년 전쟁이 아프간 전쟁인데, 이 잔인한 전쟁의 설계자가 바로 브레진스키였다.

> 89세 나이로 사망한 즈비그뉴 브레진스키는 카터의 국가안보좌관으로서 그 잔인한 전쟁의 가장 중요한 설계자였다. CIA가 아프가니스탄에 비밀군을 창설했다는 사실이 알려지자 미국 정부는 아프가니스탄 사람들이 소련의 침공에 저항하도록 도왔다는 이야기를 전했다. 이것은 결국 아프가니스탄의 진보적 정부를 전복시킨 피비린내

---

05 "The Myth of the "Afghan Trap": Zbigniew Brzezinski and Afghanistan, 1978-1979" Diplomatic History, Volume 44, Issue 2, April 2020, pp. 237-264

나는 값비싼 전쟁의 근거가 된 것이다. 그러나 브레진스키 자신은 나중에 소련이 아프간에 군대를 파견하기 6개월전에 CIA 작전이 시작되었다고 자랑했다. 사실 소련의 개입은 '침략'이 아니었다. 아프간 정부는 CIA의 은밀한 전쟁에 맞서 이를 방어할 것을 요청한 것이다.[06]

촘스키 교수는, '러시아를 약화시킨다'는 목적으로 만들어진 나토, 이와 동일한 목적으로 행해진 '아프간 함정'이 이번 우크라이나 사태에도 동일하게 적용되었음을 역설한다.

> 나토가 함께 한다는 미국의 공식 정책은 러시아를 약화시키기 위한 전쟁을 치른다는 것입니다. 우크라이나인들에게 벌어진 일은 우발적일 뿐입니다. 러시아를 약화시키는 것이 중요합니다. 실제로, 과거에 사용되었던 모델이 바

---

06 미국이 아프가니스탄 정부를 무너뜨리기 위해 수십억 달러를 지출하고 국가의 절반을 파괴한 진짜 이유는 무엇일까? 러시아혁명의 성공에 영감을 받아 탄생한 아마놀라 새 정권은 볼셰비키 정부와 친선 조약을 체결한 최초의 국가 중 하나였고, 그때부터 1970년대까지 소련에 대항하는 어떠한 군사동맹에도 가입하지 않았다. 1965년 아프간진보민주당(PDPA)이 결성되었고, 모하마드 다우드 아프간 정부는 우파로서 양측이 대립되고 있는 상황에서 1978년 정부군은 진보민주당을 공격했고 군대의 반란이 일어났다. … 몇 년 안에 CIA에서 무장하고 훈련을 받고 자금을 지원 받은 콘트라들은 사람들에게 문맹 퇴치를 위해 시골로 간 이상주의적인 젊은 교사, 여성, 남성을 암살했다. 이러한 콘트라들 중 하나가 오사마 빈 라덴이었다. 미국은 '종교의 자유'를 수호한다는 평계로 PDPA의 진보적인 개혁에 반대하는 군대를 조직해 이슬람 국가를 위한 투쟁이라는 명목으로 PDPA 세속정부를 무너뜨렸다. 'Zbigniew Brzezinsky & the lies about Afghanistan'. Deirdre Griswold, Workers World, June 5, 2017. (https://www.workers.org/2017/06/31585/)

로 아프가니스탄 모델로서 이것은 매우 명백합니다. 브레진스키에 대해 말하자면, 이것은 그가 기획한 모델로서 가치가 있습니다. 아프가니스탄 전쟁 종식에 대한 자세한 연구가 있습니다. 평화를 중재한 유엔 대사 디에고 코르도베스 Diego Cordovez와 이 지역 미국 전문가 중 한 명인 셀리그 S. 해리슨 Selig S. Harrison의 연구가 읽어볼 만합니다. 그들이 지적하고 있는 것은 전쟁은 외교로 끝났다는 것입니다. 러시아군대는 상당히 안정적이었고, 그들의 영토를 유지하는 데 문제가 없었습니다. 미국은 러시아를 약화시키고 아프간 사람들에게 무슨 일이 일어났는지 신경쓰지 않았기 때문에 외교를 차단하려고 했습니다. 외교에 대한 미국의 장애물에도 불구하고 유엔은 러시아의 철수를 이끈 진지한 외교적 절차를 진행할 수 있었습니다. 이것이 소련-아프간 전쟁이었습니다. 사실, 미국은 이 전쟁을 자랑스럽게 생각합니다. 카터 행정부의 국가안보보좌관이었던 즈비그뉴 브레진스키는 러시아를 아프간 함정으로 끌어들인 것에 자부심을 느끼고 있습니다. 그는 카터 대통령에게 러시아가 지원하는 정부를 전복시키기 위해 반대세력에게 무기를 보내도록 설득했고, 그렇게 하면 러시아가 소위 '아프간 함정'에 빠지게 될 것이라고 말했습니다. … [07]

---

07 WAR in Ukraine is "AN INSANE EXPERIMENT" by the USA!, 15:09

이 전쟁은 이미 언급한 바와 같이 소련-아프간 전쟁과 닮은 꼴이다. 소련의 침공은 미국에 의해 도발되었다는 것이 이미 즈비그뉴 브레진스키에 의해 입증된 지 오래다. 무자헤딘에 대한 미국의 지원은 전쟁 직후가 아니라 그 6개월 전부터라고 전 CIA 국장 로버트 게이츠가 자신의 회고록에서 밝혔고 카터의 국가안보보좌관인 브레진스키가 프랑스 주간지 '누벨 옵세르바튀르' 인터뷰에서 확인해주었다. 인터뷰는 다음과 같다.

> 누벨 옵세르바튀르 - 로버트 게이츠 전 CIA 국장은 회고록에서 소련이 개입하기 6개월 전에 미국 정보기관이 아프가니스탄의 무자헤딘을 돕기 시작했다고 말했다. 이 기간 동안 당신은 카터의 국가안보고문이었다. 당신은 이 사건에서 중요한 역할을 한 것이 맞나?
>
> 브레진스키 - 맞다. 역사적 기록에 따르면, 무자헤딘에 대한 CIA 지원은 1980년, 즉 소련군이 1979년 12월 24일 아프간을 침공한 후에 시작되었다. 하지만 사실은 다르다. 1979년 7월 3일 카터 대통령이 카불에서 친소련 정권의 반대파에 대한 비밀 원

조에 대한 첫 번째 지침에 서명했다. 그 날 나는 대통령에게 이 원조가 소련의 군사개입을 유도할 것이라고 설명하는 메모를 작성했다.

누벨 - 당신은 소련을 의도적으로 도발했나?

브레진스키 - 꼭 그렇지는 않다. 러시아인이 개입할 가능성을 의도적으로 높였을 뿐이다.

누벨 - 후회하지 않나?

브레진스키 - 무슨 후회? 그 비밀 작전은 훌륭한 아이디어였다. 이것은 러시아인을 아프간 함정으로 끌어들이는데 효과적이었는데, 내가 후회하기를 바라는가?

누벨 - 이슬람 근본주의를 지지하고, 미래의 테러리스트들에게 무기와 조언을 제공한 것에 대해 후회하지 않나?

브레진스키 - 세계사에서 무엇이 더 중요한가? 탈레반인가, 소련의 몰락인가? 일부 동요된 무슬림인가, 중부 유럽의 해방과 냉전의 종식인가?[08]

---

08 "Les Révélations d'un Ancien Conseilleur de Carter: 'Oui, la CIA est Entrée en Afghanistan avant les Russes...'" Le Nouvel Observateur [Paris], January 15-21, 1998, p. 76. 영문 번역판: "Afghanistan: The Soviet Invasion in Retrospect," International Politics 37, no. 2, 2000, pp. 241-242. Translated from the French by William Blum and David N. Gibbs

브레진스키의 이 진술은 소련-아프간 전쟁의 전모를 밝히는 것으로 이번 우크라이나 전쟁의 구도에도 정확히 일치함을 느끼게 한다. 즉 우크라이나 사태는 전혀 우발적인 것이 아니다. 소련의 아프간 개입이 6개월 전 시작되었던 것처럼, 우크라이나 사태의 전초 작업은 가시적인 미국과 우크라이나의 전략적 파트너십 공동성명[부록4]이 체결된 2021년 9월로만 계산해도 거의 아프간 전쟁의 6개월 전 도발과 유사하다. '아프간 함정'처럼 '우크라 함정'의 존재하는 것이다. 우크라 함정에는 러시아에 대한 견제 이상의 것이 존재한다. 지금은 80년 냉전시대가 아니고, 지금의 러시아는 당대의 소련과는 차이가 있기 때문이다. 미국의 밑그림에는 우크라이나의 나토 가입, 러시아 도발, 유럽연합 및 나토의 결속, 유럽의 안보 위기 조성, 나토의 러시아 방어, 나토의 중국 방어까지 이어지는 것으로 보이며, 차근차근 실현되었다.

　촘스키 교수는 아프간 함정에 소련을 끌어들였듯이, 우크라이나 함정에 러시아를 끌어들인 것에 대해 브레진스키의 인터뷰 답변을 패러디한다. 하지만 촘스키가 궁극적으로 주장하는 것은 종전이고, 평화 협상이다. 지금은 30~40년 전과는 다른 상황이다. 이제 전 세계를 멸망으로 이끌 수 있는 세계대전으로 가는 일촉즉발의 상황인 것이다. 무엇보다도 우크라이나인들을 구하고자 하는 마음을 가지고 있다면 빨리 전쟁을 중단하도록 하고 두 나라가 협상 테이블에 앉을 수 있도록 세계 각국이 협조해야 한다.

" 혼란스런 마음에 그 브레진스키는 그것이 무엇을 의미하든 러시아를 아프간 함정에 끌어들이고 싶었을 것입니다. 그리고 몇 년 후 아프간 사람들에게 일어난 일에 대해 그것이 가치가 있다고 생각하느냐는 질문을 받았을 때, 그는 그것을 조롱하며 말했습니다. "동요된 이슬람인들이 있다는 것이 뭐 그리 중요합니까? 백만 명의 시체가 있다해도 우리는 러시아를 약화시켰지 않았습니까." 이것이 그가 노골적으로 사용했던 모델입니다. 협상을 방해하고, 러시아를 약화시키자! 우크라이나인들이 고통을 당하던 말던 무슨 상관이랴! 그들은 이런 말을 하지는 않지만, 명확히 이것을 의미하고 있습니다. 나토는 이것을 군사원조 무기대여라고 부르며 함께 가고 있습니다. 좋아요, 필요하다면 세계대전으로 갑시다."[09]

---

09 WAR in Ukraine is "AN INSANE EXPERIMENT" by the USA!, 19:57

06
"러시아를 약화시키라"

- 서방의 프로파간다

촘스키 교수는 미국 정부의 프로파간다에 대해 매우 비판적이다. 이번 사태에 있어 프로파간다는 제2의 전쟁이라 불릴 정도로 어떤 것이 사실이고 어떤 것이 가짜뉴스인지 알 수 없을 정도의 정보 전쟁으로 비화되었던 것이 사실이다. 하지만 촘스키 교수가 제기하는 문제는 인터넷을 떠도는 가짜뉴스가 아니다. 문제는 정부 주도에 의해 행해지는 프로파간다에 의해 언론에 생기는 혼돈이다. 정의는 상실되고, 오웰이 말하는 디스토피아가 횡행하는 것이다. 촘스키 교수는 이것이 결코 새로운 것이 아님을 강조한다. 특히 과거로부터 현재에 이르기까지 이어져오고 있는 정부 차원의 프로파간다를 다음과 같이 설명한다.

" 이것은 결코 새로운 것이 아닙니다. 우리는 과거로 거슬러 올라갈 필요가 있는데, 영국이 정보부 Ministry of Information 를 설립한 제1차 세계대전부터 집중적이고 조직적인 형태로 존재했던 것을 추적할 수 있습니다. 우리는 그것이 무엇을 의미하는지 압니다. 당시 정보부의 목표는 미국인들이 전쟁에 참전하도록 유도하는 독일 전쟁 범죄에 대한 공포스런 뉴스를 보도하는 것이었습니다. 우드로 윌슨 시대, 그것은 효과가 있었습니다. 미국 자유주의 지식인들의 글을 읽은 사람들은 잡혀갔습니다. 그들은 그것을 받아들였습니다. 그들은 이렇게 말했지요: "그렇습니다. 우리는 영국 정보부가 우리를 호도하기 위해 자행하고 있는 이 정보 조작의 끔찍한 범죄를 중단해야 합니다." 윌슨 대통령은 미국인들이 독일인을 증오하도록 대중을 속이는 '공공 정보부 Ministry of Public Information'를 설립했습니다. 예를 들어 보스턴 심포니 오케스트라는 베토벤을 연주하지 못하게 되는 것이죠. 이런 것들이 계속됩니다. 레이건은 공공외교국 Office of Public Diplomacy 이라고 불리는 것을 가지고 있었는데, 이 기관은 대중들과 우리가 하는 일을 전달하는 언론들에게 거짓말을 하는 기관이었죠. 이것이 정부로서 어려운 일은 아니었습니다. 그리고 1954년 미국이 과테말라의 민주 정부를 전복시키고 수백 명의 목숨을 앗아간 사악하고 잔혹한 독재 정권을 세웠을 때, 유나이티드 프루트 컴퍼니 United Fruit Company, UFC 의 홍보 담당관에 의해 그 이유가 다소 분명하게

> 언급되었습니다.[01]

    유나이티드 프루트 컴퍼니[UFC]는 델몬트와 더불어 대표적 바나나 기업으로 과테말라에 큰 규모의 바나나 농장을 가지고 있었는데, 아르벤스 과테말라 대통령이 파나마병 때문에 경작 금지 조치를 내리자 미국정부에 로비를 하여 과테말라에 쿠테타를 일으키게 한 사건이다. 1954년 6월 18일 CIA로부터 무기와 자금을 지원받은 반군 세력이 쿠테타를 일으키자 27일 아르벤스 대통령은 사임하게 되었는데, 알고보니 언론전을 통해 반군 수를 부풀린 CIA의 심리전 때문이었던 것으로 밝혀졌고, 이후 과테말라는 독재정권의 폭압에 휘둘리게 된다. 바나나 기업의 로비가 언론전을 통해 한 나라의 쿠테타를 일으키고 독재정권을 만들어 내는 상황이 이미 70년 전 이야기이다. 프로프간다, 가짜 뉴스 등을 통해 미국뿐만 아니라 많은 나라에서 숱한 일들이 만들어지고 있음을 우리는 직시해야만 한다.

    이번 사태에 있어 미국 정부가 보여주는 언론플레이를 살펴보자. 미국 정부는 러시아에 대한 노골적인 언사를 언론에 공공연히 보여주었다. 백악관 대변인은 "러시아를 약화시켜야한다"는 말을 공공연히 하고, 특히 바이든 대통령은 "푸틴을 자리에서 끌어내려야 한다"는 발언도 서슴지 않았다. 이에 대해 촘스키 교수는 이러한 미국 정부의 노골적인 언론 플레이가 새로운 일이 아님을 강조

---

01 On the Russia-Ukraine War, the Media, Propaganda, and Accountability, 25:15

한다. 그는 미국을 향해 "러시아를 처벌할 생각만 하지 말고, 단 한 사람의 우크라이나인이라도 구하라."고 맹렬히 비난한다. 동시에 그가 비판하는 것은 러시아만 비난하며 아무런 행동도 하지 않는 미국 정부의 행태이다.

> 나는 미국의 공식적 비난이 무언가를 나타낸다고 생각합니다. 이러한 행동과 함께 무언가가 있음을 기억하십시오. 즉, 행동하지 않는 것입니다. 미국은 무엇을 하지 않습니까? 미국이 하지 않는 것은 내가 설명한 정책을 철회하는 것입니다. 아마도 미국 언론은 미국인들에게 이에 대해 알리지 않을 수도 있지만, 러시아 정보부가 공식 백악관 웹사이트에 있는 내용을 읽는다는 것은 분명히 알고 있습니다. 따라서 미국인은 무지 속에 갇혀있을 수 있지만 러시아인은 그것을 읽고 알고 있습니다. 또한 행동하지 않는 한 가지 형태가 그것을 바꾸지 않는다는 것을 그들은 알고 있습니다. 행동하지 않는 또다른 형태는 협상에 참여하기 위해 움직이지 않는 것입니다. 이제, 그들의 힘으로 인해 외교적 해결을 촉진할 수 있는 두 나라가 있습니다. 이 두 나라는 그것을 해결하진 않아도 해결을 촉진할 가능성은 높습니다. 이들 중 한 나라는 중국이며, 다른 하나는 미국입니다. 중국은 이 조치를 취하는 것에 거부권을 행사하여 곧바로 비난을 받고 있습니다. 하지만 미국에 대한 비난은

허용되지 않습니다. 따라서 미국은 이 조치에 대한 실패에 대해서도, 더 나아가 이 조치를 더 불가능하게 만들어버린 것에 대해서도 비판받지 않습니다."[02]

    미국의 언론은 러시아에 대한 비난과 더불어 우크라이나의 젤렌스키 대통령의 우상화에도 공을 들인다. 우크라이나의 젤렌스키 대통령은 2022년 3월 8일 영국하원회의장에서 화상으로 "나치가 당신의 나라를 빼앗으려 할 때 당신은 나라를 잃고 싶지 않았고, 영국을 위해 싸워야 했다."는 제2차 세계대전 중에 영국을 전율시켰던 '처칠의 연설'을 인용하였다. 특히 "우리는 해변에서 싸울 것이다."라는 처칠의 1940년 됭케르크 작전 직후 영국 하원에서 행한 연설을 반복하여, 회의장의 기립박수를 받았고, 타임 지의 극찬을 받았다. 촘스키 교수는 젤렌스키의 윈스턴 처칠 모방을 비판한다. "윈스턴 처칠의 대담하고 무모한 사칭이 우크라이나와 그 너머 희생자들에 대한 걱정보다 더 매력적으로 보이는 것"에 대해 우려를 표하지만, 한편 젤렌스키를 영웅시하고 신화화시키는 서방의 언론에 대하여 "윈스턴 처칠을 사칭하는 영웅 캐스팅을 부각시키느라 중요한 부분, 즉 우크라이나의 중립화 등 젤렌스키가 제시했던 타결안들이 도외시되었음"을 비판한다.

---

02 On the Russia-Ukraine War, the Media, Propaganda, and Accountability, 19:44

> 언론 보도를 보면, 우크라이나의 중립화와 같은 정치적 타결책이 될 수 있는 것에 대한 매우 명확하고 명백한 젤렌스키의 진술들은 오랫동안 노출되지 않고, 의회에서의 윈스턴 처칠 사칭 등 젤렌스키의 다른 영웅적 캐스팅을 부각시키기 위해 외면되어 왔습니다. 그렇습니다. 그는 우크라이나의 생존 여부, 우크라이나인의 생존 여부에 관심을 갖고 있다는 점을 분명히 했으며, 따라서 협상의 기초가 될 수 있는 일련의 합리적인 제안을 내놓았습니다. 우리는 정치적 해결의 성격, 즉 일반적인 성격이 꽤 오랫동안 모든 면에서 매우 분명했음을 명심해야 합니다.[03]

촘스키 교수는 언론의 이중성과 프로파간다에 대해서 다음과 같은 일화를 들고 있다.

> 우리는 멀리 돌아가 볼 필요도 없습니다. 뉴욕타임즈에서 바로 볼 수 있으니까요. 이 신문은 기준이 필요 없는 세계 최고의 신문입니다. 이 신문의 주요 집필자이자 진지한 기사를 쓰는 위대한 사상가가 하루이틀 전에 논설을 기고했습니다. "우리는 전범을 어떻게 처리할 수 있는가?" 우리는 무엇을 할 수 있냐고요? 우리는 난관에 봉착

---

03 On the Russia-Ukraine War, the Media, Propaganda, and Accountability, 9:13

했습니다. 러시아를 통치하는 전범이 있습니다. 우리가 어떻게 그를 다룰 수 있습니까? 그 기사에 대한 흥미로운 점은 그 제목만큼 흥미롭지는 않았다는 것입니다. 여러분은 대박을 기대하셨겠지만, 이것은 노골적인 조롱은 아니었습니다. 사실 이에 대한 아무런 코멘트도 없었습니다. 우리는 전범을 어떻게 다루어야 하는지 모르니까요. 그럼요, 모르지요. 하지만 나는, 바로 며칠 전 그것을 명백히 보긴 했습니다. 미국의 주요 전범 중 한 명은 아프가니스탄과 이란의 침공을 명령한 사람입니다. 전범이 되기에 그 이상 충분할 수는 없지요. 게다가, 아프가니스탄 침공 20주년을 맞아 언론 인터뷰가 있었습니다. 덕분에 워싱턴포스트가 스타일 섹션에서 그를 인터뷰한 것이었습니다. 인터뷰는 읽을 만했습니다. 이것은 사랑스럽고 바보 같은 할아버지가 손주들과 노는 것이었지요. 그가 만났던 위대한 사람들의 모습을 과시하는 행복한 가족. 우리는 이런 식으로 전쟁 범죄자를 다루는 방법을 알고 있는 것입니다. 뭐가 문제냐구요? 우리는 전범들을 아주 쉽게 잘 다루고 있는데요."[04]

우리는 현재 오웰의 사회 $^{Orwellian\ society}$에 살고 있다고 말한다. 조지 오웰이 형상화한 "1984년"에 의해 '오웰의'라는 형용사는 '자

---

04 On the Russia-Ukraine War, the Media, Propaganda, and Accountability, 28:23

유롭고 개방된 사회의 복지가 파괴된 것으로 선전, 감시, 허위정도, 진실의 부정, 과거의 조작 등에 대한 태도, 그리고 잔인한 정책, 억압적인 정부에 의해 공공기록이 말소된 상황' 등을 일컫는다. 미국을 비롯한 서방은 러시아와 푸틴 대통령에게는 전범, 악의 축, 악마 등의 올가미를 씌우고, 젤렌스키 대통령은 영웅으로 우상화시킨다. 이러한 이분법적 선악 구도에 대해 촘스키 교수는 러시아의 우크라이나 침공이 전쟁 범죄임은 틀림없으나 미국이나 영국이 그런 발언을 할 자격이 있는지를 묻고 있으며, 이것은 일종의 진실을 회피하기 위한 프로파간다로 보고 있다. 촘스키 교수는 과거로부터 미디어가 조작된 사회라 할지라도 정부는 언론을 장악하지 말고 말이 아닌 행동으로 평화를 실천할 것을 촉구한다. 촘스키 교수의 비판은 궁극적으로 시정을 촉구하는 일종의 시위인 것이다.

07
"바이든은 왜 푸틴을 전범이라 부르는가"

– 미국의 대량학살 조약

미국을 위시한 유럽 대다수의 국가들은 서슴없이 러시아를 전범국으로 푸틴을 전범으로 부르고 있다. 특히 미국 정부와 바이든 대통령은 노골적으로 "학살자 푸틴은 자리에서 물러나야 한다."[2022.3.27]는 등의 발언을 하고 있다. 푸틴은 전쟁범죄자로서 국제적인 처벌을 받아야 한다는 미국 정부의 논리는 정당한 것인가에 대하여 촘스키 교수는 미국에 의해 행해진 전쟁범죄를 언급하며 일침을 놓는다.

> 조 바이든이 푸틴은 물러나야 한다고 말한 메시지는 우크라이나와 세계에 대한 명백한 결과 때문에 커다란 경악을 일으켜서 나온 즉흥적 발언이었습니다. … 이제 미국

의 진보주의자들이 그 발언을 칭찬해야 한다고 말하고 있습니다. 바이든이, 우크라이나에서 자행하고 있는 푸틴의 대량학살에 대해 우리 모두가 느끼는 자연스러운 '도덕적 분노'를 잘 표현했다는 것입니다. 좋습니다. 칭찬받아 마땅하지요. 우크라이나 상황은 끔찍한 상황, 대량학살이라고 말할 수도 있겠지요. 하지만 만약 이것이 대량학살이라면 훨씬 더 끔찍한 미국과 영국의 행동에 대해서는 어떤 용어를 사용해야 합니까? 우리가 사실에 대해 어떠한 용어를 사용해야 하는지도 문제이지만, 도대체 어디에 '도덕적 분노'가 있습니까? 그렇습니다. 우크라이나에서 푸틴의 행동에 대해 도덕적으로 분노하는 것은 확실히 옳습니다. 하지만 우리에게 더 중요한 것은 지금 일어나고 있는 끔찍한 잔학 행위에 대해 도덕적으로 분노하는 것보다 이것을 끝내기 위해 행동하는 것입니다. 이것이 훨씬 중요합니다.[01]

이미 언급한 바 있듯이, 미국과 영국은 수많은 제국주의적 전쟁을 일으켰고, 현재에도 계속되고 있다. 이에 촘스키 교수는 9.11 테러와 아무 상관이 없는 아프간 전쟁을 일으키고, 탈레반이 항복했음에도 침공의 설계자인 럼스펠드 장관과 조지 W. 부시 대통령이 항복 협상을 받아들이지 않아 전쟁을 장기화했으며, 이후 아프

---

01 On Ukraine, Brexit and "the most dangerous time in world history", 12:53

간 재산을 몰수함으로써 아이들이 굶어 죽도록 한 것에 대한 '도덕적 분노'를 역설한다. 또한 미국과 영국이 원조하여 사우디아라비아와 에미리트가 벌이고 있는 예멘 전쟁의 참상에 대해서도 언급하며 작년 공식 사망자 수가 370,000명에 이르고 있음을 강조한다. 이것들은 전쟁 범죄가 아닌가.

> 이것에 대한 도덕적 분노는 어떻습니까? 이것은 멈출 수 있는 도덕적 분노입니다. 우리는 이것을 내일이라도 멈출 수 있습니다. 우리는 우크라이나에 대한 도덕적 분노를 가져야 하며 그것을 고조시키는 대신 범죄를 멈출 수 있도록 노력해야 합니다. 그리고 우리가 개입해 있고 멈출 수 있는 범죄에 대해 더 큰 도덕적 분노를 가져야 합니다. 따라서 그것들은 우리가 상상할 수 있는 어떤 도덕 원칙보다 중요하지만, 이것들은 지식인 계급들이 국가독트린에 대해 문제를 제기하지 않는 순종적인 미국이나 영국 같은 사회에서는 논의될 수 없습니다. … 이라크 침공을 생각해 보십시오. 그것은 푸틴의 침공과는 비교가 안 될 정도로 더 나쁜 범죄입니다.[02]

---

02 On Ukraine, Brexit and "the most dangerous time in world history", 14:30

하지만 미국은 먼로 독트린[03]으로 주변국으로부터 자국 보호를 교묘하게 이끌어 냈듯이, 이번에는 대량학살 조약^{Genocide Convention}으로 자신에게 면죄부를 준다.

> 미국은 대량학살의 혐의로부터 면제가 된 자기면제자입니다. 그리고 법원이 그것을 옳다고 받아들였습니다. 국가들은 법원의 수락이 있을 경우에만 사법관할권을 갖습니다. 그것이 바로 우리들입니다. 우리는 그렇게 계속 갈 수 있습니다. 우리는 불량국가, 거대한 차원의 세계를 이끄는 불량국가입니다. 아무도 근접할 수 없습니다. 하지만 우리는 타인이나 타국에 대해 전쟁범죄에 대한 재판을 요청할 수 있습니다. … 더 문명화된 남반구 국가들[04]이 이 모든 것에 대해 어떻게 반응하는지를 보는 것은 상당히 흥미롭습니다. 그들은 침략을 비난하고, 끔찍한 범죄라고 말합니다. 하지만 기본적인 반응은 다음과 같습니다: "그래서 뭐요? 새로운 게 있나요? 왜들 난리들이에요? 우리는

---

03 이재봉 원광대 교수에 따르면, 먼로 독트린은 타국의 아메리카 대륙 침입을 봉쇄하여 미국의 안전과 영향력을 유지, 확대하려는 공세적 정책으로 '독자주의'나 '불간섭주의'라는 용어가 더 적절하다.(이재봉, 프레시안 기고문, 2019. 4. 5일자) 이재봉 교수는 미국은 인류 역사상 가장 호전적인 나라로 제2차 세계대전 이후 2016년까지 전 세계에서 발발한 250개의 전쟁 중 200개 이상이 미국에 의해서 일어났다고 밝히고 있다.

04 Global South. 남반구에 있는 나라들을 총칭하지만, 반드시 지리적인 남반구의 나라들을 의미하는 것은 아니다. 라틴아메리카, 아프리카, 아시아 등 과거 '제3세계' 혹은 개발도상국, 후진국이라 불리던 나라들을 의미한다. 상반된 개념인 Global North 역시 선진국을 총칭하는 단어로 사용되고 있다.

당신들로부터 이미 오랫동안 당해온 일인데요. …" 미국은 왜 세계 모든 나라가 제재에 참여하지 않는지 이해를 못하고 있습니다. 어떤 나라들이 제재에 참여하고 있습니까? 한번 보십시오. 지도가 보여주고 있습니다. 영어권 국가들, 유럽, 아파르트헤이드 남아공이 명예백인으로 부르고 있는 일본 등 몇 개국. 그게 다입니다. 세계의 나머지 국가들은 이렇게 말하고 있지요: "예, 끔찍하긴 하지요. 근데 뭐가 새롭습니까? 왜 우리가 당신들의 위선에 가담해야 합니까?" 미국은 이해할 수가 없지요. 어떻게 그들이 우리가 하는 방식대로 범죄를 단죄하겠습니까? 그들은 우리의 방식대로 범죄를 비난하겠지만, 그들은 우리가 하지 않는 단계를 넘어섰습니다. 제가 방금 무엇을 설명했냐고요? 그것은 단순히 우리가 세상을 볼 수 있는 곳, 즉 전통적 희생자들이 보는 방식으로 문명의 수준을 높이기 위해 미국이 해야 할 일이 많다는 것을 의미합니다. 우리가 그 수준까지 올라갈 수 있다면, 우크라이나에 대해서도 훨씬 건설적인 방식으로 행동할 수 있습니다."[05]

대량학살 조약은, 제2차 세계대전 후 1946년 국제연합총회에서 대량학살이 국제법상 범죄로 선언된 이후 1948년 '대량학살죄의 방지와 처벌에 관한 협약'^{Convention on the Prevention and Punishment of the Crime}

---

05 On the Russia-Ukraine War, the Media, Propaganda, and Accountability, 38:54

of Genocide'이 채택, 1951년 발효된 조약이다. 하지만 몇 개의 나라는 국가 정부의 동의 없이 대량학살에 대해 기소면제를 협약 비준 조건으로 삼았는데, 거기에 미국이 속해 있다. 엄연히 스스로에게 면제부를 준 것이다. 남반국 국가들이 미국을 조롱하고, 우크라이나 사태 제재와 같은 미국 주도의 경제 제재에 동참하지 않는 것은 당연한 일이다.

뿐만 아니라 일명 '헤이그 침공법'이라고 알려진 '미국복무요원 보호법American Servicemembers' Protection Acts'은 2002년 제정된 법으로 미국인이 ICC국제형사재판소 06에 의해 구금될 경우 대통령은 구출을 위해 적절하고 필요한 모든 조치를 취할 권한이 있다고 규정함으로써, 미국의 전쟁범죄 등을 이유로 한 ICC 기소가능성을 우려해 이에 대비한 방지장치를 마련했다. 많은 전쟁을 일으킨 미국이 러시아를 단죄할 수 있는지에 대한 질문에 촘스키 교수는 다음과 같이 답한다.

> 강자는 항상 면책 특권이 있습니다. 그들에게는 아무것도 일어나지 않습니다. 국제형사재판소를 보면 전쟁범죄를 이야기할 수 있습니다. 그들이 누구를 단죄하느냐고요? 아프리카의 독재자들이지요. 서양인들은 문제 없습니다. 아시겠지만, 미국은 부시 행정부 하에서 '헤이그 침공법'이

---

06 International Criminal Court. 국제형사재판소는 최초의 상설 전쟁범죄 재판소로서 2002년 7월 1일 설립되었고, 본부는 네덜란드 헤이그에 있다. 대량학살죄(genocide), 전쟁범죄(war crimes), 반인도적 범죄(crimes against humanity)에 대해 개인을 처벌할 수 있다.

라고 불리는 법을 통과시켰습니다. 어떤 미국인이라도 재판을 받기 위해 헤이그에 보내지면, 미국행정부가 무력을 사용해서 그를 구출할 수 있다는 법입니다. 이것이 우리입니다. '대부'와는 장난하는 것이 아니에요. 만약 국제정치학을 공부하고 싶다면 학술문헌을 보지 마십시오. 마피아에 관한 책을 보면 됩니다. 세상은 마피아처럼 돌아가니까요. 대부는 힘으로 자신의 길을 가고, 다른 사람들은 공포에 질려 동의하게 되는 것입니다.[07]

전범 처리 문제와 관련하여서 촘스키 교수는 가장 독설적인 태도를 취한다. 이것은 미국이 일으킨 숱한 전쟁과 그 사후 처리문제와 무관하지 않다. 아프가니스탄 자금 동결로 인해 돈이 있지만 은행에 가지 못해 굶고 있는 아프간 사람들의 비참한 모습은 수시로 언급되며, 미국의 원조 하에 현재에까지 벌어지고 있는 숱한 대리전의 모습은 늘상 비추어진다. 반전주의자이자 인권운동가인 그의 눈에 우크라이나 사태로 푸틴을 처벌하려는 미국의 모습은 우스꽝스럽기까지 하다. 미국은 무수한 방어막을 둘러치고 모든 전범 재판으로부터 스스로를 보호하면서, 러시아와 푸틴을 국제형사재판소로 끌고가려고 한다. 그러니 촘스키 교수가, 이미 언급한 바 있듯이, "미국은 러시아를 처벌하려고만 하지 말고, 단 한 사람의 우크라이나인이라도 구하라."는 일침을 놓는 것이다. 촘스키 교수는

---

07   Ukraine and beyond, 58:20

전범 논란으로 러시아를 궁지에 몰아넣는 것이 현명한 전략이 아님을 강조하며, 3차 대전 가능성에 대해 경고한다. 가장 좋은 전쟁의 해결책은 협상의 타결이며, 푸틴을 궁지로 몰아넣는 순간 우리는 핵전쟁의 위험에 직면하는 것임을 강조한다. 지금은 처벌을 논할 때가 아니라 평화를 논할 때이다. 전쟁의 종식에 관한 촘스키 교수의 이야기를 들어보자.

> 여기에는 두 가지 가능성이 있습니다. 하나는 협상의 타결이고, 다른 하나는 우크라이나의 파멸을 이끌 수 있는 악화된 상황입니다. 세 번째의 가능성을 여러분이 생각한다면, 그것은 아마도 국제전이 되겠지요. 아무도 이것을 논하지 않는다면 기쁘겠습니다. 나는 여러분들이 외교적인 해결방법을 도출할 수 있도록 우리의 노력을 다해야 한다고 말하고 싶습니다. 여기에서 우리는 우크라이나의 대통령 젤렌스키가 제안한 것에 귀를 기울여야 한다고 생각합니다. 그는 우크라이나의 중립화를 제안했고, 크림 반도 소유권에 대한 푸틴의 주요 요구를 차후에 협상하는 조건과 돈바스 지역에 대해서도 외교적으로 해결하고자 했습니다. 나는 몇 달 전부터 인용했던 미국의 정책에서 미국이 공공연히 밝힌 것을 훼손하지 않으면서 그것을 지지해야 한다고 생각합니다. 이것은 우리가 걱정해야만 하는 것이며, 우크라이나에 어떤 종류의 무기를 보낼지 생각하는 것

보다 훨씬 중요한 일입니다. 우리는 푸틴을 궁지에 몰아넣는 순간 전쟁을 가속화시킬 수 있습니다. 미국이 지게 될 일은 없겠지요. 내가 전범 재판에 가거나, 대량학살에 대한 책임을 져야할 일도 없겠지요. 하지만 나는 최선을 다해 그 일을 할 수 있을 것입니다. 우크라이나가 멸망할지라도 말이지요."[08]

최고의 국제범죄는 뉘른베르크에서 나치 전범이 교수형에 처해진 것이다. 촘스키 교수는 오바마 대통령이 아프가니스탄 침공을 '전략적 실수'라고 일컬은 것에 대해 비판한다. 중요한 것은 미국에서 오바마 대통령의 그 언급은 칭송받았다는 점이다. 촘스키 교수는 되묻는다. "80년대 러시아의 아프간 침공을 전략적 실수라고 칭송한 러시아 장군을 칭송할 수 있습니까?" 그리고 아프간의 모든 자금을 몰수하여 기아에 빠뜨린 미국과 영국 정부에 대하여 우리가 처한 사실들을 직면해야 한다고 역설한다. "여러분은 우리 자신에 대한 사실들에 직면하기를 원하십니까, 아니면 대량학살에서 우크라이나를 보호한다는 명분으로 윈스턴 처칠을 사칭하여 영웅적 포즈를 취하기를 원하십니까?"

---

08   Ukraine and NATO, 47:07

08
"140여 개국은 왜
경제제재에 참여하지 않는가"

- 실패한 경제제재

우크라이나 사태 발발 직후, 러시아에는 전방위적인 경제제재가 시행되었다. 이것은 전례 없는 조치로서 일주일도 채 되지 않은 상태에서 스위프트 결제망에서 러시아 은행들을 차단시키고, 다수의 러시아 경제인의 재산을 압류하는 등의 제재가 시행되었으며, 이후 제재는 더욱 강화되고 있다. 러시아산 제품의 EU 수출금지, 러시아 증시의 세계 증시에서의 퇴출, 각 기업체들의 러시아에서의 철수 등 다양한 제재가 이루어졌다. 2020년 6월 말, G7 회원국들은 러시아에 대한 제재를 더욱 강화할 것을 다짐했는데, 러시아를 세계경제 시스템에서 고립시키고자 하는 것이 그 목적이다. 하지만 이와 같은 제재는 경제에 국한되지 않고 유럽에 있는 일반 러시아인들을 특정 상점이나 레스토랑에서 거부하거나, 유럽 소재 대학들에서 러시아 학생들을 퇴학시키는 등 상식을 넘어선 루소포비아

2022, 우크라이나 사태로 인한 러시아 제재국과 비제재국

■ 러시아 제재국
■ 러시아
■ 러시아 비제재국

출처: Peterson Institute for International Economics; EIU

로 확대되었다. 이쯤 되면, 이 제재가 정당한 것인지를 자문할 수밖에 없다. 러시아를 고립시키는 데 성공할 수 있을지는 모르지만, 유럽에서는 상당한 인권 유린이 벌어지고 있으며, 제재로 인한 경제적 여파 역시 몇몇 나라를 제외한 세계 각국으로 전파되고 있다.

이 제재는 러시아를 고립시키기 위한 비인도적인 제재라는 점을 제외하고도, 기축통화인 달러를 무기화함으로써 여러 나라에 반감을 일으켰다. 스위프트 결제망 배제 조치는 서유럽을 제외한 중국, 인도, 터키 등 아시아, 아프리카, 남아메리카 등 많은 나라들이 대러시아 경제 제재에 동참하지 않도록 만든 큰 요인이 됐다. 물론 그 이유만은 아니지만, 위에 언급한 소위 남반구 국가들은 미국의 행태를 비웃으며 제재 동참을 거부하고 있다. 결국 제재 지도를 보면 참여국은 40여 개국, 비참여국은 140여 개국으로 나뉜다.

촘스키 교수 역시 제재에 대하여 회의적이다. 제재를 할 수 있는 나라는 어느 나라인가. 그의 주장에 따르면 제재를 시행할 수 있는 나라는 미국뿐이다. 그렇다면 미국은 제재를 당한 적이 있는 가. 없다면, 미국은 잘못한 적이 없는 완벽한 나라인가. 우리는 항상 강대국의 논리에 빠져있는데, 우리 자신도 모르는 사이에 그 논리에 종속되어 있는 것이다.

> 제재는 푸틴과 그의 슈퍼부자 친구들에게 해를 끼치지 않습니다. 사담 후세인에 대한 제재가 그러했듯이, 이번 제재도 러시아 대중을 대상으로 할 뿐입니다. 러시아인 모두를 대상으로 한 것이지요. 그리고 제재에 대해 다른 것이 있음에 주목하십시오. 세계 어느 나라가 제재를 부가할 수 있습니까? 오직 한 나라, 미국입니다. 어떤 나라도 제재를 가할 수 없습니다. … 미국은 전혀 잘못을 저지르지 않는 유일한 국가인가요? 이것이 제재가 무엇인지 말해주고 있습니다. 제 생각에, 제재는 범죄를 저지른 사람들의 지도력에 일종의 처벌을 가하기 위한 평화적 조치를 취한 후에 2차적인 방법으로 이루어져야만 합리적이라 생각합니다. 그리고 이것은 국제적이어야 합니다. 즉 유엔을 통해서 이루어져야 합니다. 유엔은 미국도, 러시아도, 다른 국가들도 아닌 지도부에 제재를 부가하는 데에 동의할 수 있습니다.[01]

01　Ukraine and beyond, 1:22:59

촘스키 교수는, 항상 그러하듯이, 평화를 최우선에 두고 있다. 즉, 제재는 2차적인 것이 되어야 한다고 주장한다. 제재가 목적이 되어서는 안된다. 일차적으로 문제를 완화하고 해결하는 방법을 택해야 하는데, 미국은 무의식적으로 무력과 압박을 우선시하고 있음을 비판한다.

> 우리는 외교와 협상이 아닌 무력과 압박에 전념하는 국가입니다. 이것은 반사적 반응입니다. 내가 호주의 국제 문제저널에서 인용한 내용은 매우 정확합니다. 첫 번째 질문은 '우리는 어떤 강력한 조치를 취해야 하는가'입니다. 이것은 두 번째로 제기되어야 합니다. 첫 번째 질문은 '문제를 완화하기 위해 우리는 무엇을 할 수 있는가'이어야 합니다. 그러나 우리는 그렇게 질문할 수 없습니다. 그럼 강력한 조치에 대한 질문을 봅시다. 어떤 종류의 제재를 우리는 사용해야 합니까? 무엇보다도 제재에 대한 오랜 기록이 있습니다. 그것은 우리에게 많은 것을 가르쳐 줍니다. 제재는 일반적으로 대중들에게 해를 끼치며 엘리트 층은 괴롭히지 않습니다. 오히려 그들을 강화시키지요.[02]

---

02 Ukraine and Beyound, 1:21:51

사실 경제제재에 대한 우려와 불만은 전쟁 초기부터 있었다. 2002년 3월 5일 국제통화기금^{IMF}와 세계은행은 공동 성명을 통해 "전쟁과 제재는 금융 시장의 혼란을 유발하고 인플레이션 등 상당한 경제적 영향을 미친다…. 가난한 사람들이 가장 큰 타격을 입을 것이다"라고 우려했다. 리처드 하스 미국외교협회^{CFR} 회장 역시 "제재가 중요한 도구이지만 만병통치약은 아니다. 가장 중요한 것은 우크라이나에서 지금 일어나는 일"이라고 밝히며 제재에 대한 부정적인 견해를 피력했다.[03]

그렇다면 미국을 위시한 서방의 우크라이나 무기 지원은 어떠한가. 서방의 무기 지원이 전쟁을 종결시켰는가. 무기 지원은 전쟁을 장기화하고 우크라이나인들을 죽음으로 몰아가고 있으며 우크라이나 땅을 황폐화시키고 있다. 무기 지원은 평화가 아닌 폭력의 악순환만을 불러일으키고 있으며, 군수업체들의 이익만을 극대화시키고 있다. 다른 전쟁에서와 같이, 우크라이나를 구식무기의 사용처로, 신식무기의 실험장으로 변모시키고 있다. 안보 위협을 느낀 유럽 등에서 잇달아 무기의 구입이 이루어지고, 스웨덴과 핀란드의 나토 가입 등 군사동맹의 강화로 세계의 분열만이 초래되고 있다. 촘스키 교수는 무기, 군비에 관심을 쏟아붓게 하는 정책 자체에 문제의 심각성이 있음을 토로한다.

---

03 한국일보, 2022, 3, 7일자 "러시아 경제제재로 푸틴 굴복 어려워… 가난한 국가만 타격"에서 재인용

" 여기에 언론 조작이 있습니다. 마음 속에 궁극적인 악인 적을 파괴하는 것이 유일한 것이 되도록 사람들을 히스테리로 몰아넣는 것이죠. 사람들을 그런 종류의 히스테리 속으로 몰아넣을 수 있다면, 군비에 돈을 쏟아붓고 국내 정책을 잊어버리게 할 수 있습니다. 오래된 이야기이지요.[04] "

" 우리가 무기로 눈을 돌릴 때, 이것은 우리가 해서는 안된다고 생각하는 실험을 결정한 경우입니다. 그러나 만일 그렇게 하게 되면 무기에 대한 문제가 발생합니다. 여기서 한 가지 질문이 제기됩니다. 침략으로부터 스스로를 방어하는 국가에 무기를 제공하는 것은 합법적인가? 그렇습니다. 사태를 확대시키지 않고, 공격받는 나라에 위협을 증가시키지 않을 수 있는 무기를 제공한다는 조건으로 합법적입니다. 당신은 그들에게 위협을 증가시키고 싶지 않을 테니 당신이 보내고 있는 무기를 고려해야 합니다. 당신은 핵전쟁을 이끌 수 있는 무기를 보내고 싶지는 않을 겁니다.[05] "

---

04 On the Russia-Ukraine war, The Media, Propaganda, Orwell, Newspeak and Language, 8:55

05 WAR in Ukraine is "AN INSANE EXPERIMENT" by the USA!, 10:30

촘스키 교수는 제재나 무기 지원 모두 평화적 해결을 목적으로 할 때 유효함을 강조한다. 일차적으로 평화적 해결을 추진한 후에 사용 여부를 결정하여야 한다는 주장이다.

> " 공격을 받고 있는 사람들에게 무기를 제공하는 것은 그들이 전쟁을 끝내기 위해 이차적으로 자신을 방어할 수 있다는 점에서 좋은 생각입니다. 하지만 일차적 방법이 선행된 후 이차적 방법을 써야 합니다. 물론, 사람들은 스스로를 방어할 수 있어야 합니다. 그러나 보내야 할 무기의 종류는 신중하게 조정해야 합니다. 그것들이 피해자를 도울 것인가, 아니면 피해자를 해칠 것인가를 보아야 합니다. 예를 들어 만일 당신이 공격용 무기를 보내면 피해자를 해치게 될 것입니다. 왜냐하면 이 무기는 파괴력에 제한이 없는 훨씬 강력한 국가에 더 큰 대응을 불러일으킬 것이기 때문입니다. 따라서 당신은 보낼 무기의 종류에 대해 생각해야 하지만, 이 모든 것은 전쟁을 끝내고 평화를 찾고 범죄를 막기 위한 이차적인 문제입니다. 우리는 더 중요한 일차적 해법에 대해서는 거의 이야기하지 않습니다. 윈스턴 처칠이 한 말입니다. 아무도 그가 이렇게 실제로 말했는지는 모르지만, 그가 한 말은 "워-워 하는 것보다는 톡-톡 하는 것이 좋다", 즉 전쟁보다는 말로 하는 것이 낫다는 것

입니다. 좋은 지적입니다.[06]

　촘스키 교수가 우려하는 바와 같이 살상무기의 지원은 러시아가 핵버튼을 누르게 하는 재앙을 불러일으킬 수 있음을 반드시 상기해야 할 것이다. 미국의 추가 지원과 더불어 '무기대여법the lend-lease act'[07]을 통과시킨 것에 대하여 세계대전을 촉발시킬 수 있는 위험한 행위를 경고하고 있다.

> 의회를 통과한 최근의 법안을 보십시오. 이것은 '무기대여법'이라 불립니다. 이것은 우크라이나에 무기 제공을 요구하고 있습니다. 무기대여가 무엇이었습니까? 무기대여는 본질적으로 미국을 유럽 전쟁에 참여시키려는 대규모 프로그램이었습니다. 그러나 불행하게도 유럽과 일본에서 일어난 두 개의 전쟁으로 인해 세계대전이 촉발되었습니다. 이것이 오늘날 상황에서 우리가 원하는 것입니까? 히스테릭한 소리를 지르기 전에 생각을 멈추고 영웅적인 몸

06　Ukraine and Beyond, 1:24:29

07　무기대여법은, 미국의 루즈벨트 대통령이 제2차 세계대전 당시 영국, 소련, 중국 등 연합국들에게 막대한 전쟁물자를 공급하기 위해 발효시킨 법안이었다. 미 의회는 2022년 4월 우크라이나에 무기를 보다 효율적으로 지원하기 위해 2차대전 당시 제정된 '무기대여법' 개정안을 81년 만에 통과시켰다.

> 짓으로 고상한 자세를 취해보는 것은 어떨까요?[08]

    한국 정부도 우회적 무기지원 방안에 대하여 검토한 바 있고, 이에 대해 2022년 6월 21일 89개 종교시민단체는 용산 대통령실 앞에서 반대 집회를 열고 성명을 발표하였다.[09] 무기의 지원은 전쟁을 부추기고 장기화시키는 일이다. 미국과 유럽을 위시한 우리 모두는 전쟁을 장기화하여 죽음과 폭력을 양산하는 이 상황에서 벗어나기 위해서라도 무기 지원을 중단하고, 세계 각국, 특히 빈곤국의 경제적 고통만을 부가시키는 경제제재도 멈추고, 일단 평화 협상 테이블을 만드는 현명함을 찾아야 할 것이다.

---

08 WAR in Ukraine is "AN INSANE EXPERIMENT" by the USA!, 9:38

09 이 성명의 내용은 촘스키 교수가 주장하는 바와 다름아니다. 각국의 깨어있는 지식인과 시민단체들이 평화를 부르짖어야 할 때, 매우 핵심적인 요지로 반전과 평화의 메시지를 전달하고 있기에 성명서의 전문을 부록으로 싣는다. **[부록 5]**

09
"화살은 중국을 향하고 있다"

– 나토의 중국 견제

미국은 지정학적인 이유를 들지 않더라도 오랜 시간 세계를 군림해온 슈퍼파워이다. 하지만 1,2차 세계대전과 냉전을 겪으면서 공산주의에 대한 지나친 경계는 미국의 대외정책 지도를 획일적인 방향으로 만들었다. 하지만 키신저의 핑퐁 외교를 통해 미중 관계는 급속도로 개선되었고, 이로 인해 소련와 중국의 관계는 미국의 염원대로 악화일로를 걸었다. 미국은 중국의 경제를 부흥시켜 소련을 압박하려는 정책을 잘 실현시킨 줄 알았는데, 중국은 유럽과 같이 미국에 종속적인 나라가 아니었다. 중국은 미국의 요구에 응하지 않았으며, 경제는 곧 미국을 따라잡았다. 미국에 위협이 되기 시작한 것이다. 이것이 2차 대전 이후 미국과 중국 사이에 벌어진 일들의 얼개이다. 미국은 드디어 중국을 위협으로 느끼기 시작하여 경제적으로 공격하기 시작했고, 중국은 꿈쩍도 하지 않고 있다.

그런데 미국은 왜 중국을 위협으로 느끼는가. 이 우크라이나 사태는 중국과 무관할까. 촘스키 교수는 미중 경쟁과 우크라이나 사태의 관계를 다음과 같이 설명한다.

> 미중 경쟁을 살펴보겠습니다. 그것은 상당히 일방적이지만, 중국 위협이라는 말이 있습니다. 하지만 정확히 중국 위협이란 무엇입니까? 중국이 멕시코와 군사 동맹을 맺어 중화기를 멕시코에 공급하거나 멕시코와 합동군사훈련이라도 한다는 말인가요? 나는 멕시코가 주권국가라는 말을 따로 들어본 적도 없지만, 이러한 일을 한다는 말도 들어본 적이 없습니다. 우크라이나에 대한 모든 제안도 멕시코와 같습니다. 우크라이나도 멕시코와 같이 주권국가입니다. 거기에는 미국 군사동맹이 없으며, 적대적인 군사동맹이나 중화기 공급, 나토와의 공동군사프로그램 등이 없어야 합니다. 즉, 만일 우리가 지구 남반구 국가들의 관점에서 사물을 본다면 멕시코와 비슷합니다. 그들은 우크라이나를 위한 외교적 제안들 사이에 아무런 차이가 없다는 것을 알고 있습니다. 멕시코의 정상적인 삶이 무엇인지 봅시다. 예를 들어, 미국은 소위 '중국 위협'이라는 것을 공식 정책으로 내세워 대응하고 있습니다. 다시 말해, 이에 대응하기 위해 중국 포위 정책을 공식화하고, 소위 센티널 국

가들[01], 즉 호주, 일본, 한국 등에 첨단무기를 공급할 뿐만 아니라 바이든 하에 증가된, 중국을 타겟으로 하는 정밀유도미사일을 배치하여 중국 위협에 대처한다는 것입니다. 이것이 미국이 '중국 위협'이라 불리는 것을 다루는 한 가지 방법입니다. 다른 한 가지는 더욱 흥미롭습니다. 미국이 과학, 기술, 인프라에서 중국에 뒤쳐졌다는 것입니다. 이에 대처하는 방법으로 미국의 과학, 기술, 인프라 등을 구축하는 것입니다. 미국에 필요하기도 하니까요. 사실 의회에서는 '중국 경쟁법 the China competition bill'이라고 하는 법안을 이러한 일을 하도록 통과시켰습니다. 우리는 사회 개선을 위해 써야할 자원을 중국과 경쟁하기 위해 투입하고 있는 것입니다.[02]

일등 국가에 대한 불안 심리는 '중국경쟁법'에서 여실히 드러나고 있다.[03] 이렇게 중국 위협을 느끼고 있는 미국이 이번 전쟁을 은밀히 획책한 이유가 중국과 관련이 있는지 궁금하다.

이번 사태는 중국에 대한 일종의 위협과 경고였을 가능성이 있다. '하나의 중국'을 주창하는 중국는 대만의 독립 움직임으로 인

---

01 촘스키의 용어이다. 미국의 동맹국으로서 중국의 포위를 돕는 아시아 국가들을 총칭하여 '파수국(sentinel states)'이라 부른다.

02 Ukraine and NATO, 33:53

03 바이든 정부는 2022년 베이징 동계올림픽 개막식 날에 이 법안을 통과시켰다.

한 갈등의 고조가 전쟁의 위협 수준까지 치닫고 있는 형편이었다. 대만을 지지하는 미국은 중국이 대만을 침공하지 못하도록, 러시아의 우크라이나 침공을 도발하고 침략전쟁의 결과를 보여주고자 한 것으로 해석되기도 한다. 성패와 무관하게 2022년 10월 3연임을 좌우하는 당대회를 앞둔 시진핑에게는 부담으로 작용할 수 있기 때문이다.

다른 이유는 중국과 연대할 수 있는 러시아가 미국의 입장에서는 눈엣가시였을 것이다. 러시아는 경제력은 약하지만, 군사력, 특히 핵무기에 있어서는 미국을 앞서고 있기 때문에 무시할 수 없는 나라인 것이다. 이미 2014년 크림 반도 합병 이후 강한 경제제재로 약해져 있는 러시아를 더욱 약화시켜 중국과 연대할 수 없도록 완전 고립시키고자 하는 것이 이번 전쟁의 주요 목표였을 것으로 추정된다.

부차적인 이유로 바이든 대통령의 중간 선거를 들 수 있다. 11월 중간 선거를 앞두고 떨어지는 지지율을 만회할 수 있는 방법은 국민들의 관심을 외부로 돌리는 것이다. 전쟁보다 좋은 것은 없다. 초기의 강한 발언으로 바이든 대통령의 지지율은 올라가는 듯싶더니 심각한 인플레이션으로 인해 지지율은 하락국면을 보이고 있다.

미국은 중국과 러시아의 연대를 끊고 싶었겠지만, 중국은 처음부터 러시아에 대한 경제제재에 동참하지 않는 등 러시아와의 연대를 암암리에 강화하는 듯이 보였다. 이에 한술 더떠 인도와 터키 등 무려 140여 개국이 러시아에 대한 경제제재에 동참하지 않고 있다. 인도와 중국의 인구를 합치면 24억이다. 러시아를 고립시키기 위한 전쟁과 대러시아 경제 제재라는 것이 과연 그 효과를 발휘하고 있는가는 의문이다. 이에 대해 촘스키 교수는 누가 제재에 동참하고, 동참하지 않는지 제재 지도를 보라고 말한다. 특히 남반구 국가들이라고 불리는 이 나라들의 태도에 주목할 필요가 있음을 강조한다.

> 나는 지금 러시아를 고립시키는 것에 대한 그레이트 게임에 대한 이야기가 있다고 말해야만 합니다. 제재를 가하는 나라들의 지도를 보십시오. … 즉 일어나고 있는 것은 유럽과 미국에 대한 고립인 것입니다. 중국도 동참하지 않으며, 인도도, 인도네시아도, 아프리카 국가들도, 아시아도 동참하지 않고 있습니다. 따라서 우리가 그레이트 게임을 하고 있는 것은 결과적으로 인도와 아시아 국가들의 지지를 받는 러-중 동맹을 만들어 준 것입니다. 이것은 러시아를 쇠퇴하는 약탈정권으로 이끌 수 있습니다. 하지만 러시아는 엄청난 자원들, 미네랄, 식품 등을 가지고 있습니다. 따라서 중국은 러시아를 석유, 광물 등의 거대한 공급자로 흡수하게 되어 기뻐할 것이며, 서방은 이것을 빼앗길 것입니다. 석유뿐 아니라 리튬, 강철, 니켈 등을 중국에 빼앗기게 되는 것입니다. 러시아에는 이것들이 풍부합니다. 러시아와 우크라이나는 세계의 주요 곡물 생산국입니다.

따라서 우리가 전쟁을 연장하고 협상을 거부함으로써 우크라이나인들만 죽이고 있는 것이 아니라 세계의 많은 지역에 막대한 기아를 발생시키고 있는 것입니다. 수백만의 사람들이 기아에 직면해 있습니다. 전쟁의 장기화로 인해 심각한 기아의 위기가 임박했습니다. 동요하는 무슬림에 대해서 그랬듯이, 브레진스키 용어를 빌자면, '그들이 죽든 살든 무슨 상관입니까?'[04]

남반구 국가들은 미국과 영국의 민주주의에 대한 태도, 타국가의 주권에 관한 태도에 대해 이미 무수한 경험을 해본 나라들이다. 그들은 현재의 우크라이나 사태에 대해서 '유럽과 미국의 공연'이라고 칭하고 있으며 이에 조롱과 비웃음으로 일관한다. 촘스키 교수는 다음과 같이 말한다.

(우크라이나와 그곳의 전쟁을 바라볼 때 우리가 배울 것이 있다고 생각하십니까?) 이것이야말로 바로 남반구 국가들이 이러한 생각에서 벗어나 실제로 조롱을 퍼붓는 이유입니다. 아프리카, 아시아, 라틴 아메리카에서 서방이 서구의 가치에 대해서 이야기하는 것을 그들이 듣는다면, 당신은 서구의 가치에 대해 이야기하고 싶어질 겁니다. 내 말

---

04 WAR in Ukraine is "AN INSANE EXPERIMENT" by the USA!, 15:16

은, 말 그대로 서양인들이 이러한 단어를 생산할 수 있다는 사실에 놀라고, 조롱하게 된다는 뜻입니다."[05]

　인도 역시 '인도는 인도의 편이다'라고 말하며 미국과 쿼드동맹을 맺고 있지만 러시아 제재에는 동참하고 있지 않을 뿐만 아니라 러시아로부터 원유 수입을 늘림으로써 세계질서의 변화를 예고하고 있다. 남반구 국가들처럼 중립적인 게임을 하는 것이다: "러시아의 우크라이나 침공, 그것은 범죄지, 하지만 우리는 당신네들의 게임에 동참하고 싶지는 않아!" 미국의 주요 정책은 러시아 고립 정책이지만, 더 중요한 정책은 중국의 봉쇄정책이다. 촘스키 교수는 다음과 같이 말하고 있다.

"　봉쇄라는 것은 시대에 뒤떨어진 말이므로 포위라는 말을 쓴다면, 센티널 국가들과 함께 중국을 포위하는 것이 맞습니다. 포위는 중국이라는 위협으로부터 우리 자신을 보호하기 위해 대중적이고 공격적인 능력으로 무장하는 것을 말합니다. 센티널 국가는 남한, 일본, 호주, 인도라는 국가들로서 고리를 형성하고 있습니다. 바이든 행정부는 최근 중국을 겨냥한 첨단정밀 미사일을 제공한다고 발표했습니다. … "중국 위협 The China threat", 호주의 정치가이자

05　Ukraine and NATO, 25:40

저명한 국제정치가인 전 총리인 폴 키팅이 쓴 흥미로운 기사가 있습니다. 그는 여기에서 중국 위협의 다양한 요소들을 검토하고 결국 '중국 위협은 중국이 존재하고 있다는 것 자체이다'라고 결론을 냅니다. 그의 말이 정확합니다. 중국은 존재하며, 미국의 명령을 따르지 않습니다. 이것이 안 좋은 것이지요. 누구든 미국의 명령을 따라야 합니다. 그렇지 않으면 곤경에 처하게 되는 것이죠. 대부분의 국가들이 그렇게 하고 있으니까요. 유럽도 그렇습니다. 유럽은 쿠바, 이란에 대한 미국의 제재를 경멸하고 반대하지만 그것을 준수합니다. 대부godfather를 성가시게 해서는 안되지요. 그래서 그들은 미국의 제재를 잘 지키는 것입니다. 중국은 그렇지 않습니다. 중국은 미 국무부가 한때 미국 정책에 대해 '성공적인 도전'이라고 불렀던 일과 연관되어 있습니다. 1960년대 미 국무부가 쿠바를 괴롭히고, 쿠바에 테러리스트 전쟁을 수행하고, 이것이 거의 핵전쟁으로 치닫으면서 고강도의 파괴적인 제재를 가해야 하는 이유를 설명하고 있었습니다. 60년이 지난 지금, 전 세계가 반대했던 그것은 여전히 같은 상태에 있습니다.[06]

이번 우크라이나 사태는 중국의 봉쇄 정책에 큰 영향을 끼친 것 같지 않다. 러시아와 중국은 물론이고 인도, 터키, 사우디 아라

---

06 On the Russia-Ukraine War, the Media, Propaganda, and Accountability, 43:27

비아, 이란, 북한 등 라틴 아메리카, 아프리카, 아시아 국가들, 속칭 남반국 국가들의 결속력을 굳힌 결과를 초래했다. 특히 브릭스[07] 국가들은 더욱 활발한 활동을 통해 미국-유럽 패권에 맞서려는 조짐을 보이고 있다. 이것은 달러 패권을 위시하여 세계를 뒤흔드는 미국의 횡포에 맞서려는 것으로 제재 중에서도 스위프트 제재가 초래한 전 세계적 반감이 표출된 결과다. 달러를 무기화하여 언제든지 모든 무역 거래를 중단시킬 수 있다는 반감은 위안화가 아니더라도 제2, 제3의 기축통화가 등장하지 않는다면 다른 어떤 경우에 러시아와 같은 상황에 직면할 수도 있다는 생각으로 확산된 것이다. 2022년 6월 브릭스 정상회의에서 푸틴 대통령은 이 문제에 대해 언급했고, 현재 위안화와 루블화가 일부 결제 통화로 사용되고 있는 것이 현실이다. 미국의 가장 큰 손실은 제재에 동참하지 않는 나라들이 결속했다는 것과 달러의 기축통화로서의 가치가 손상되었다는 것이다. 뿐만 아니라 제재로 인해 미국과 서유럽의 원유와 가스 수급에는 문제가 생기고, 러시아는 남은 원유와 가스를 싼 가격에 인도와 중국에 제공함으로써 제재국은 경제성장률

---

07 브릭스(BRICS)는 2001년 골드먼삭스그룹 보고서에 처음 등장한 용어로 브라질, 러시아, 인도, 중국, 남아공(2010년에 합류)을 의미한다. 이들 국가는 신흥경제권으로 주목받기 시작하면서 거대한 영토, 인구, 풍부한 지하자원 등으로 경제대국으로 성장할 수 있는 요인을 갖추고 있고, 실제로 높은 경제성장을 거듭하고 있다. 2012년 뉴델리에서 열린 브릭스 정상회의에서는 국제통화기금과 세계은행을 견제할 '브릭스 개발은행' 창설을 선언하였고, 2022년 브릭스 비즈니스 포럼에서는 새로운 국제준비통화 창설을 추진했다. 달러를 대체하는 기축통화를 만들어 미국 중심의 경제생태계에서 벗어나려고 하는 것이다. 한편 푸틴 대통령은 "러시아의 자체 국제금융결제망인 '미르'가 글로벌 입지를 확장하고 있고, 다른 브릭스 국가의 은행이 참여할 수 있도록 개방되어 있다"고 강조함으로써 달러 중심의 스위프트(국제은행간통신협회) 시스템의 폐해를 느낀 신흥국들이 달러 중심 시스템에서 벗어나도록 유도하고 있다.

이 악화되고 제재대상국은 경제가 성장하는 아이러니가 발생했다.

　이러한 가운데, 미국의 도발에서 비롯된 이 전쟁의 궁극적인 원인과 관련하여, 2022년 6월에 열린 나토정상회의에서 그 일면이 드러났다. 나토를 아시아로 확장하여 중국까지 견제 대상으로 두려는 미국의 야심이다. 상기 회담에는 일본 및 한국이 초청되었고, 중국이 나토 견제대상국으로 지정된 것은 여러가지를 암시한다고 하겠다.

10
"푸틴은 미국에게 큰 선물을 주었다"

– 황금 접시에 담긴 유럽

이번 우크라이나 사태로 인한 미국의 가장 큰 소득은 유럽연합 및 나토의 결속과 유럽의 미국 의존도가 높아졌다는 것이다. 유럽연합은 브렉시트로 인하여 분열되고 있었고, 나토 역시 트럼프의 분담금 거부 등의 문제로 존폐 위기에 놓여있던 상황이었다. 유럽의 규합이야말로 미국에게는 가장 큰 지원군이며, 나토의 강화야말로 러시아뿐만 아니라 중국까지도 견제할 수 있는 수단이 될 수 있는 것이다. 미국의 '우크라 함정'의 계획에는 여기까지 계산되어 있었던 것으로 보인다. 언급한 바와 같이, 2022년 나토 정상회의에 예상 못한 아시아 국가들이 초청되고, 급작스레 중국이 러시아와 더불어 나토의 견제 대상국으로 등극한 것이다. 중국은 북대서양에 위치하고 있지 않은데 나토^{북대서양조약기구}에서 견제한다는 것은 어불성설임에도 우크라이나 사태로 러시아 제재에 참여하지 않고 러시아를 옹호하는 듯한 태도를 취하는 중국은 러시아와 더불어 나토의 동반 견제 대상국으로 아무 반발 없이 지목된 것이다. 촘스키 교수는 푸틴의 침공을 어리석은 범죄라고 항상 비난하고 있지만, 더욱 비난하고 있는 것은 유럽을 미국의 호주머니 속에 밀어넣어 준 것이라고 말한다.

> 푸틴은 미국에 상상할 수 있는 최고의 환영 선물을 제공했습니다. 냉전체제 내내 유럽의 지위와 관련한 논의가 있었는데, 거기에는 두 가지 청사진이 있었습니다. 유럽이 미국에 종속되어 단순히 대서양주의자 나토 프레임 안에서 미국의 질서를 따르는 것이 그 하나였고, 유럽이 세계 문제에 있어 독립적인 역할을 향해 나아가는 방향을 모색하는 것이 다른 하나였습니다. … 어리석은 범죄를 일으킨 푸틴은 유럽을 미국의 주머니 속으로 몰아넣었습니다. 이것이 우크라이나 침공의 다른 결과라는 사실은 무척 놀라운 일입니다. 우리는 우크라이나를 구하기 위해 무엇을 할 수 있는지에 대해 관심을 가져야 합니다. 그리고 우리가 할 수 있는 것 중 하나는 서방의 정책에 대해 정직해지는 것입니다. 예를 들어, 서방 정책은 최소한 미국의 정책입니다. 미국과 영국의 언론은 지난 9월 바이든 행정부가 중요한 정책으로 2021년 9월 발표한 공동성명을 공개하지 않았습니다. 이것은 우크라이나와의 전략적 협력에 관한 공

동성명입니다. 미국에 유효한 정책입니다. 이제 이보다 더 중요한 것은 없습니다. 이것은 우크라이나에게 나토에 가입하라고 독려하는 것을 내용으로 하고 있으며, 첨단 무기를 제공하는 미국과 군사협력을 강화할 것을 촉구하고 있습니다. 죄송하지만, 우크라이나와 나토의 강화프로그램의 내용을 기억해낼 수가 없군요. 어쨌거나 푸틴이, 미국이 러시아 안보에 대한 관심을 기울이도록 하기 위해 매년 2월이나 3월 우크라이나 국경에 러시아군을 수년 동안 동원해 왔던 것은 충분히 이해가능한 일입니다. 이것은 옐친에 이르기까지 모든 러시아 지도자들에 의해 표명되어 왔습니다. (우크라이나의 나토 가입은) 미국의 고위 외교관들에 의해 심각한 경고를 불러일으켰는데, 조지 케넌, 헨리 키신저, CIA 국장인 윌리엄 번즈, 전 CIA 국장인 스탠스필드 터너, 국방장관인 윌리엄 페리가 그들입니다. 페리는 부시-베이커가 고르바초프에게 동쪽으로 확장하지 않겠다고 약속한 것을 클린턴이 파기하기로 결심하였을 때 실제로 사임하였습니다. 약속에 대한 파기는 25년 동안 계속되고 있습니다. 올해 푸틴은 이 침묵을 깨기 위해 러시아인들을 동원했고, 이것은 범죄적 침략으로 확대되었습니다.[01]

---

01 On Ukraine, Brexit and "the most dangerous time in world history", 3:29

푸틴이 미국에게 선사한 것은 유럽에게 되돌릴 수 없는 안보 불안을 형성시킨 것으로, 촘스키 교수는 이것을 푸틴이 저지른 어리석은 짓으로 비유하는 것이다. 촘스키 교수의 입장에서 유럽의 평화를 위해서는 군사 동맹 없는 유럽 협력체가 최상의 모델이다. 그런데, 러시아의 우크라이나 침공은 결국 나토를 강화시키고 유럽에 군사 동맹뿐만 아니라 무기 산업을 활성화시켜 미국의 무기를 대량으로 팔아주고, 유럽으로 하여금 미국 의존도를 대폭 끌어올려주었으니 그의 표현에 따르면 '푸틴은 유럽을 황금 접시에 담아 미국에 바친 셈'이었다.

> 푸틴은 미국에게 엄청난 선물을 주었습니다. 우크라이나 전쟁은 범죄적이었지만, 그의 관점에서도 매우 어리석은 일입니다. 그는 미국에 가장 좋은 소원을 들어주었기 때문입니다. 그것은 유럽을 황금 접시에 담아서 미국에 바친 셈입니다. 내 말은, 냉전 전체에 걸쳐 유럽이 독립세력이 될 것인지, 즉 샤를 드골과 고르바초프가 골자를 설명한 노선을 따라 소위 제3세력이 될 것인지였습니다. 후자는 소련이 붕괴되었을 때, 군사동맹 없이 유럽과 러시아가 협력하는 모델로서 평화로운 경제공동체를 구성하는 '유럽, 공동의 집'을 말합니다. 이것이 하나의 옵션이었고, 다른 옵션은 나토에 의해 구현된 대서양주의 프로그램으로 불리는 것이었습니다. 미국이 총격을 가하고 당신은 복종하는 것, 이

> 것이 대서양주의 프로그램입니다. 물론, 미국은 항상 어떤 하나를 지지했고, 그것은 항상 승리했습니다. 지금 푸틴이 미국을 위해 이것을 해결해 준 셈입니다.[02]

촘스키 교수는 '유럽 협조 체제Concert of Europe'[03]를 가장 이상적인 유럽의 형태로 보았다. 나폴레옹 전쟁 이후 1815년 오스트리아, 프로이센, 러시아, 영국 사이의 4국 동맹 이후 강대국들 간의 이례적인 군사적, 외교적 협의기구 역할을 수행하며 100년간 유럽의 평화를 유지시켰다. 여기에서 중요한 것은 전쟁에서 패배한 나폴레옹과 프랑스 군대까지 통합하였다는 것이다.

> 한 세기 전으로 돌아가 봅시다. 나폴레옹 전쟁에서 나폴레옹과 프랑스 군대는 사실상 유럽을 정복했습니다. 그들은 1815년 결국 패배했지요. '유럽협조체제'를 창설하기 위한 국제회의가 있었고, 회의를 주관하는 사람들은 좋은

---

02 On the Russia-Ukraine War, the Media, Propaganda, and Accountability, 51:08

03 유럽협조체제는 보통 빈 체제, 혹은 메테르니히 체제, 5두 체제 등으로 불리는데, 1814년에서 1815년까지 빈에서 개최된 빈 회의를 계기로 유럽 열강들 사이에서 나폴레옹 전쟁의 원인을 프랑스혁명, 자유주의, 민주주의 확산으로 보고, '혁명 이전의 구 체제로 되돌아가야 한다'는 복고적 세력 균형 체제를 약속한 것을 이른다. 이 체제가 시대착오적인 조치였다는 평가가 많음에도 불구하고 100년 간의 유럽 평화를 유지시킨 것은 사실이다. 특히 현실주의 외교의 거두인 헨리 키신저가 빈 체제 연구에 공헌하였다. 1914년 제1차 세계대전으로 정확히 100년 만에 평화가 상실되고 말았다.

사람들은 아니었습니다. 나는 클레멘스 메테르니히를 친구로 삼고 싶지는 않지만, 그는 훌륭한 정치가였습니다. 그들은 패배한 프랑스를 '유럽협조체제'에 합류시켰습니다. 완전히는 아니지만, 가상의 평화, 야만적이고 기괴한 유럽의 역사에서 볼 때 매우 이례적인 시기입니다. 그러나 패배한 침략자를 통합시킴으로써 한 세기 간의 평화를 맛보았던 것입니다.[04]

촘스키 교수의 시각에서, 패배한 프랑스를 '유럽협조체제'에 합류시켜 유럽이 100년간 평화를 유지했듯, 지금이라도 군사동맹을 배제한 유럽체제에 러시아를 합류시켜 유럽의 평화 및 세계의 평화를 유지할 수 있는 것이다. 유럽의 평화는 군사동맹 없는 유럽의 공조 체제가 이루어질 때 가능하다. 그리고 이것은 이미 30년 전에 샤를 드골과 고르바초프가 구상하였다. 이들의 '유럽, 공동의 집' 구상은 무산되었고, 아버지 부시의 '평화를 위한 파트너십'으로 부활하였으나 나토를 무력화시키고 평화로운 유럽을 만들려는 구상은 좀처럼 이루어지지 않았다. 독일 통일 이후 고르바초프는 나토에 가입하려고 했고, 심지어 푸틴도 서유럽과의 협력에 적극적이었으나 아무도 관심을 보이지 않았다. 미국과 서유럽은 단순히 러시아를 무시한 것인가. 그들의 머릿속에 다른 그림이 있었던 것은 아

---

04 On the Russia-Ukraine war, The Media, Propaganda, Orwell, Newspeak and Language, 12:24

닌가. 하지만 늦지 않았다. 다시금 100년간의 평화를 되찾을 방법이 있는 것이다.

11
"록히드 마틴과 엑손모빌을 기쁘게 하는 일은 이제 그만!"

– 환경 대재앙

우크라이나 사태가 야기시킨 가장 심각한 문제로 환경 문제에 대한 둔감화를 들 수 있다. 기후 위기와 환경 문제는 전 세계에서 제1의 화두로 삼고 온 힘을 합쳐 해결해 나가야 할 문제로서, 우크라이나 사태 발발 전까지 전 세계가 공동으로 직면한 코로나 문제와 탄소 중립 문제 등을 함께 논의하고 있었다. 그러한 논의는 우크라이나 사태와 함께 모두 사라진 듯하다. 화석 연료 사용을 줄이고 탄소 배출을 최소화하기 위한 전 세계적 노력은 먼 옛날의 이야기가 된 것이다. 이 지구는 똑같이 심각한 오염으로 몸살을 앓고 있으며, 이로 인한 각종의 자연재해가 여기저기에서 발발하고 있다. 코로나 감염병 역시 이와 무관하지 않다. 하지만 현재 각종 정상회담에서는 어떻게 러시아에 제재를 강화할 것인지, 어떻게 우크라이나에 무기를 더 공급할 것인지, 러시아 제재로 인한 에너지 수급

차질에 따른 에너지 공급을 위해 어떻게 다시 화석 연료를 사용할 것인지만을 논의하고 있다.[01] 이 세상은 거꾸로 가고 있는 것이다.

촘스키 교수는 현 시점에서 지구상의 인간 생명을 파괴하면서 가장 환호성을 지르고 있을 두 기업을 냉철히 지적하고 있다. 그곳은 다름 아닌 록히드 마틴과 엑손모빌이다.

> 만일 이 질문에 대한 좋은 답을 원한다면, 가장 먼저 살펴봐야 할 곳은 록히드 마틴, 엑손모빌 및 기타 주요 무기 및 화석 연료 생산업체의 경영진입니다. 당신은 그들이 얼마나 환호성을 지르고 있는지 볼 수 있을 것입니다. 그들은 미국과 유럽에서 국방 예산이 이렇게 엄청나게 증가한 것을 본 적이 없기 때문입니다. … 결론이 뭐냐고요? 서유럽과 미국은 이 믿을 수 없는 러시아 군대에 대항해 완전무장을 해야 한다는 것입니다. 이 군대가 유럽과 미국을 집어삼키려고 한다는 것입니다. 국경에서 30킬로미터 떨어진 도시들을 정복하지 못하는 군대에 대항하기 위해 무기를 완비해야 한다는 얘기죠. 그래서 자연스럽게 록히드 마틴 본사는 행복감에 빠질 수밖에 없습니다. 당신은 이 논리를 알아챌 만큼 똑똑하겠지요.

---

01 2022년 6월 개최된 G7 및 나토 정상회담에서는 러시아에 대한 단합된 대응을 이끌어내고, 중국에 보다 강경한 입장을 취하며, 대러 제재에 따른 에너지 가격 상승에 대한 대책 마련에 대한 이야기들이 오갔다. 전쟁이 길어지면 미국과 서방은 우크라이나 지원을 늘려야 하며, 바이든 대통령은 푸틴을 막겠다는 강력한 의지만 표명했다. 전쟁에 대한 종식 방안이나 평화 협상에 대한 이야기는 전혀 없었다.

그럼 엑손모빌로 가볼까요. 그들은 이성을 잃었습니다. 우선, 그들은 귀찮은 환경주의자들을 제거했고 이제 아무도 그들을 귀찮게 하지 않습니다. 석유생산 증가에 대해서는 오히려 찬사를 받고 있습니다. 그들은 이미 엄청난 이익의 증대에 대해서, 그리고 지구상의 인간 삶을 파괴하기 위한 기초를 놓고 있는 것에 대해서 찬사를 받고 있습니다. 그들이 말했듯이, 그들은 생존 가능성을 파괴하기 위해 행동함으로써 문명을 구한 것에 찬사받기를 원합니다. 당신은 아마 그들의 논리를 이해할 수 있을 것입니다. 나는 이들의 행복감을 이해할 수 있습니다. 이들의 이익은 이미 지붕을 뚫었고, 더 이상 비판 받지 않습니다. 이 광경을 보고 있는 우리들은 어떻습니까? 흥미롭습니다. 세계에서 더 문명화된 남반구 국가들이 왜 이 모든 것을 불신으로 쳐다보는지 이해할 수 있습니다. 이 미치광이들의 머리 속에서는 무슨 일이 일어나고 있는 걸까요?[02]

전쟁의 결과 중 최대한 빨리 되돌려야 하는 것이 바로 화석 연료의 생산이다. 우리가 지구를 구하기 위하여 해야 하는 일은 무엇인가. 현재 폐쇄하였던 석탄 공장까지 다시 가동하고 있는 실정이다. 석유 생산을 중단하고, 무기 생산을 중단하여 세계를 재앙으로 몰아넣는 일을 그만 두어야 한다. 그러기 위하여 우리는 먼저 전쟁

---

02 On the Russia-Ukraine War, 19:26

을 끝내야 하며, 당사국을 협상 테이블에 앉혀야 한다. 환경운동가 이기도 한 촘스키 교수는 무기생산자와 에너지회사를 기쁘게 하는 일은 이제 그만해야 한다고 주장한다.

> 우리가 지구를 구할 수 있는 기회는 매우 줄어들었습니다. 이제 막바지에 이르렀습니다. 만일 우리가 살만한 세상을 원한다면, 우리는 즉시 화석연료를 줄이고 수십 년 안에 완전히 없애야 합니다. 이를 위한 몇 개의 작은 단계들이 있었지만, 이젠 없습니다. 푸틴의 우크라이나 침공이라는 주요 범죄 중 하나가 그 과정을 역전시키고 있습니다. '이제 잊어버리십시오. 우리는 가능한 한 빨리 화석연료를 생산해야 합니다.' 엑손모빌이 기쁘게 새로운 오일 정책을 발표했습니다. 멕시코 만과 맞먹는 가이아나 연안의 거대한 들판. 세상을 더욱 빠르게 파괴할 수 있는 멋진 방법입니다. 그리고 지금 그들은 비판받는 대신 석유회사들이 세계를 파괴함으로써 문명을 구했다고 칭찬받고 있기 때문에 매우 기뻐하고 있습니다. 에너지 기업의 사무실에서 느끼는 기쁨은 헤아릴 수 없으며, 세계를 재앙으로 몰아넣는 무기생산자들의 기쁨과 거의 맞먹습니다.[03]

---

03 On the Russia-Ukraine war, The Media, Propaganda, Orwell, Newspeak and Language, 33:49

엑손모빌이 가이아나의 해상 유전을 발견한 것은 2019년으로 현재 환호성을 부르고 있는 것은 당연한 일이다. 촘스키 교수가 수차례 강조한 것처럼 러시아를 종이호랑이라고 부르면서도 안보 우려에 핀란드와 스웨덴은 나토에 가입했고, 유럽 전역에서 엄청난 양의 무기를 미국으로부터 구입하여 막대한 비용이 미국으로 유입된 것도 숨길 수 없는 사실이다. 이 모든 것은 세계의 평화와도 정반대의 방향으로 가고 있으며, 기후 위기라는 지구의 위기 극복과도 정반대로 가고 있다. 촘스키 교수는 인류를 종말로 끌고 갔던 유일한 인물 도널드 트럼프보다 더 심각한 현실을 토로한다.

> 인류를 멸종으로 몰아가기 위해 최대의 많은 일을 한 사람은 역사상 도널드 트럼프 외에는 아무도 없습니다. 바로 화석 연료의 사용을 최대화하고 그것을 제한하는 모든 규제를 없애버린 그의 헌신적인 행위를 말하는 것입니다. 공화당의 숭배 기반이 되는 화석연료 사용에 대한 그의 광신 덕분에 이제 기후 변화는 심각한 문제로 간주되지 않습니다. 이것은 종에 대한 사형 선고입니다. 다시 말해, 우리는 다른 테마의 이야기도 좋아하지만, 이것은 모든 것을 압도하는 문제입니다. 만일 우리가 가까운 장래에 지구에서 조직화된 생명이 파괴되는 방향으로 나아간다면, 더 중요한 것은 아무것도 없습니다.[04]

---

04 On Ukraine, Brexit and "the most dangerous time in world history", 0:17

" 우크라이나 침공에 대해서는 많은 엄청난 결과를 초래할 것임은 물론이고, 거기에는 평화로운 해결을 위한 가능성도 여전히 존재하고 있습니다. 하지만 미국도 영국도 평화적 해결을 추구하고 있지 않습니다. 거기에는 다른 여러 가지 결과들이 있습니다. 하나는 환경 파괴라는 실존적 위기를 다룰 수 있는 제한된 노력을 역전시키고 있다는 것입니다. 우리는 2021년 8월에 IPCC^{기후변화에 관한 정부간 협의체 05}에서 매년 체계적으로 화석연료 사용을 줄여야 하며, 돌이킬 수 없는 임계점에 도달하지 않으려면 화석연료 사용을 완전히 중단해야 한다고 경고하는 끔찍한 보고서를 받았습니다. 무슨 일이 일어난 것일까요. 현재 일어난 것은 석유회사의 기쁨이 무기제조사의 기쁨을 넘어섰다는 것이지요. 지금 그들은 환경운동가들의 트집잡기에서 자유로워진 것입니다. 그들의 말을 빌자면, 그들이 화석연료 사용을 증가시켜서 문명을 구하고 있기 때문에 칭찬 받기를 바란다는 것입니다. 이것이 침공의 결과로 벌어지고 있는 일입니다.[06] "

---

05 기후변화에 관한 정부간 협의체(Intergovernmental Panel on Climate Change)는 기후변화가 인류의 경제 사회 활동에 미치는 영향을 분석하여 국제적 대응방안을 마련하기 위해 설립된 유엔 산하 정부간 협의체이다.

06 On Ukraine, Brexit and "the most dangerous time in world history", 1:35

우크라이나는 자력으로 전쟁을 지속할 수 없고, 서방의 무기 지원이 되지 않는다면 협상으로 전쟁을 중단할 수 밖에 없다. 다시 말해, 미국과 유럽이 무기 지원을 중단하고 평화협상을 위한 중재를 시도한다면 전쟁을 중단시킬 수 있다는 결론이다. 그럼에도 불구하고, 서방의 무기 지원이 계속되고, 미국이나 유엔의 중재가 시도되지 않아 전쟁이 장기화되고 있는 이 상황은 무기를 지속적으로 지원하고 또 생산하여 전쟁을 지속시킴으로써 이득을 취하는 세력이 있다고 추정할 수밖에는 없다. 푸틴 대통령은 이미 오래전부터 협상을 요구해 왔고, 우크라이나와 여러 차례 협상이 진행되었으나 미국으로 인해 결렬되었다. 전쟁의 협상은 강대국의 중재가 반드시 필요하다. 더 이상의 재앙을 막기 위해 촘스키 교수는 '전쟁으로 인한 우크라이나의 파멸'이나 '평화적 협상 타결', 둘 중의 하나뿐이라고 말한다.

12
"푸틴을 벼랑 끝으로 몰지 말라"

– 핵전쟁의 가능성

이번 전쟁은 전쟁 초기부터 확전 가능성을 염려해 왔다. 대리전의 성격이 강하므로, 확전이 되면 제3차 세계대전으로 확전되기 십상이기 때문이다. 우크라이나에서 미국과 서방에 참전을 요청했을 때에도, 우크라이나를 비행금지구역으로 설정해달라는 요청에도 미국이 거절할 수밖에 없었던 이유는 확전 가능성 때문이었다.

그렇다면 핵전쟁의 가능성은 어떠한가. 러시아는 핵전쟁의 가능성을 열어두었다. 하지만 미국이 러시아의 핵카드에 대해 무감각한 태도를 취함에 따라 현재 우리는 매우 위험한 상황에 직면해 있다. 촘스키 교수 역시 심각함을 표명한다.

" 내 주관적 판단은 중요하지 않습니다. 나보다 더 중요한 위치에 있는 사람들이 핵시스템을 주의 깊게 연구했습니다. 많은 사람들은 지금이 더 나쁘고 더 위험하다고 생각합니다. 동의합니다. 불행히도, 우리는 현재 영국, 미국, 러시아에서 최악의 경향을 억제하는 조정 세력이 없습니다. 영국과 미국의 의회에서 사람들은 비행금지구역을 설정하자는 말을 듣습니다. 이것은 종말의 핵전쟁으로 가자는 뜻입니다. 당신은 그것들을 들을 수 있지만, 다행히 국방부를 제외하고 다른 목소리를 듣지 않습니다. 위험한 상황입니다. 쿠바미사일 위기뿐만 아니라 냉전시대에도 핵전쟁과 근접했었습니다. … 때때로 우연히 무모한 행동들이 발생합니다. 지금도 이것은 계속되고, 기적은 계속되지 않습니다. 러시아인들은 효과적인 경고시스템을 가지고 있지 않습니다. 미국의 시스템 같은 시스템이 없다는 뜻입니다. 게다가 미국은 전역에 레이더 기지를 가지고 있으나 러시아에는 그런 것이 없습니다. 따라서 우리는 러시아에서 무슨 일이 일어나는지 즉시 알 수 있지만, 그들은 알 수 없습니다. 트럼프가 다른 모든 것과 함께 파기한 '영공개방조약'이 있었습니다. 이것의 파기로 언제든지 영공에서 작은 실수로 인한 사고가 발생할 수 있습니다. 우리는 만약 그것으로 게임을 한다면, 우크라이나뿐만 아니라 전 세계인의 운명을 좌지우지할 것입니다. 아무도 핵전쟁에서 살아남을 수 없습니다. 낙오자가 있을 수도 있지만, 운이 좋은

> 사람들은 빨리 죽겠지요.[01]

촘스키 교수는 이번 전쟁으로 인해 유럽이 미국의 호주머니 속으로 들어갔음을 여러 차례 언급했다. 유럽이 미국에 의해 좌지우지되는 것의 위험성을 경고한 것이다. 이것이 유럽 전체를 나토의 영향권 하에 둠으로써 유럽이 러시아를 경계하게 하고 대립각을 세우게 하는 것이다. 러시아와 유럽이라는 이분법적 구조를 만들어 러시아를 고립시키겠다는 야심을 드러내고 있는 것이다.

또한 미국과 유럽이 벌이고 있는 일은 가장 끔찍한 실험인데, 푸틴을 벼랑 끝에 몰아세우고 어떻게 할 것인가를 보는 것이다. 이것이야말로 핵전쟁을 자초하는 가장 위험한 실험이다.

> 유럽이 따라가고 있는 미국의 정책은 차스 프리먼 대사 등 주류에서 퇴출당한 몇몇 저명한 분석가들에 의해 아주 잘 공식화되었습니다. 미국의 정책은 '마지막 우크라이나인까지 러시아와 싸우는 것'입니다. 그것이 바로 공식적인 정책입니다. 그것을 살펴보세요. 미국의 공식정책은 우크라이나 전쟁을 이용하여 러시아를 피흘리게 하는 것입니다. 미국과 유럽이 기괴한 실험을 하고 있는 것입니다. 그들은 푸틴을 최대한 밀어붙이고 한번 보려고 한다고 말

---

01 Ukraine and nuclear armageddon, 36:41

합니다. 그가 패배하여 조용히 물러날 것인가, 아니면 우크라이나를 파괴하기 위해 자신의 힘을 사용할 것인가? 이것이 유럽과 미국 지도자들이 공개적으로 시행하고 있는 실험입니다. 그로테스크하고 끔찍한 실험을 지식인 계급이 지지하고 있습니다.[02]

    이러한 실험에 러시아와 푸틴은 분노하고 있다. 미국과 유럽은 의도적으로 푸틴의 분노를 조장하고 있는데, 그것의 의도는 푸틴 개인의 몰락을 염원하는 것일지도 모른다. 하지만 핵버튼을 쥐고 있는 푸틴을 벼랑 끝으로 모는 전략은 단순히 푸틴을 권좌에서 내려오게 하지만은 않을 것이다. 이 전쟁이 3차 대전, 촘스키 교수의 말대로, 핵전쟁으로 간다면, 이것은 인류의 종말이다. 핵전쟁이 아니더라도 우리는 기후 위기와 각종 위기로 종말을 향해 가고 있다. 이것을 막기 위해 전 세계 정상들이, 전 세계 모든 사람들이 함께 지구를 살리고 문명을 살리기 위해 노력해야 할 시기이다. 핵전쟁이 아니더라도 이 전쟁의 장기화는 화석연료의 사용을 증대시키면서 지구를 황폐화시키며 세계와 문명을 종말로 내몰 것이다. 우리는 어디로 가야 하는가. 지구를 살리고, 평화를 지향하는 방향으로 가야 한다.
    촘스키 교수는 핵전쟁을 막을 수 있는, 평화를 위한 가장 좋은 해법은 나토와 같은 군사동맹 없는 유럽 공동체라고 말한다.

02　"Sweden in NATO?", 35:00

" 유럽의 위상은 제2차 세계대전 이후 국제정세에 큰 이슈가 되어왔습니다. 거기에는 두 가지 견해가 있어왔습니다. 한 가지 견해는 나토에 기초한 대서양주의라고 불립니다. 유럽은 대서양주의 시스템에 끼워져 있어야 합니다. 즉 미국이 명령하면 유럽이 그것을 따르는 시스템을 말합니다. 당연히 미국은 이것을 좋아했지요. 여기에 대안적인 견해가 존재해 왔습니다. 이 견해의 주창자는 샤를 드골이었습니다. 유럽은 세계정세의 독립세력이 되어서 움직여야 하며, 이것은 제3세력이라고 불렸습니다. … 내가 틀렸다면, 지적해 주기를 바라는데, 나는 올로프 팜도 그것을 지지했다는 것을 기억합니다. 하지만 빌리 브란트는 동방정책이라 불리는 일을 했다는 것을 알고 있습니다. 마크롱은 최근 푸틴 대통령과 협상을 실패했지만, 비슷한 것을 추진하고 있었습니다. 크렘린에 폭력적인 깡패 대신에 단 한 명의 정치가가 있었다면, 그들은 이 기회에 뛰어들었을 것입니다. 그들은 고르바초프 스타일의 '유럽, 공동의 집'의 가능성을 추구했을 것입니다. 유럽에 많은 이점, 상업적 이점이 있습니다. 자원은 풍부하지만 붕괴해가는 러시아와 자원과 안보가 필요한 유럽 사이의 자연적 상보성은 모든 어려움을 쉽게 극복할 수 있습니다. 따라서 추구할 수도 있었습니다. 심지어 성공했을 수도 있습니다. 미국은 이것을 푸틴을 옹호하는 일이라고 강력하게 반대하고 규탄했습니다. 유럽 지도자들은 미국의 호주머니속으로 깊숙이 들어가는 쪽을 선택했습니다. 유럽의 위치를 인식하는 것이 중요합니다. 예를 들어 제재 조치를 취하십시오. 이란과 쿠바에 대한 제재와 관련해서도 유럽은 구두로는 강력히 반대하면서도 그것을 따르고 있습니다. 순종하는 것입니다. 주인에게 순종하는 것이지요. 이것이 유럽의 결정입니다. 우리는 이것을 싫어하지만 순종할 것입니다. 안보상의 이유일까요? 그렇지는 않습니다. 그것은 권력에 대한 종속을 위한 것으로 유럽의 지도자, 유럽 지식인 등에게 아주 익숙한 것입니다.[03]

왜 유럽이 미국에 종속되어 있는지, 유럽에 나토가 없어진다면 어떻게 될 것인지 생각해 볼 필요가 있다. 러시아는 고르바초프 시절부터 군사동맹 없는 유럽을 지향했고, 유럽과의 화합을 위해 나토 가입을 원했다. 러시아는 유럽과 함께 평화를 구현할 준비가 되어있었다. 나토가 없었더라면 이번 전쟁이 일어났을 것인가. 유럽은 모두 선진국이며, 자국을 보호할 수 있는 군사력을 가지고 있다. 반면 러시아는 미어샤이머 교수가 언급한 대로, 전쟁을 벌이기에는 경제력과 군사력이 빈약하다. 즉 전쟁을 벌일 이유가 없다. 유럽은 자원의 많은 부분을 의존하는 러시아를 왜 도발할 필요가 있겠는가. 평화로운 시기를 구가할 수 있고, 푸틴 자신이 그것을 원하는데, 왜 나토가 필요한가.

---

03 "Sweden in NATO?", 19:47

나토를 대신할 평화의 기구와 관련하여 이미 90년대 '평화를 위한 파트너십'이 결성되었다. 촘스키 교수는 나토 회의론을 언급하며, PfP의 활성화 또는 고르바초프의 '유럽, 공동의 집'의 부활을 꿈꾼다. 그는 진정한 평화주의자로서 세계의 평화를 위해 가장 최선의 방법이 무엇인지를 연구하고 제시한다. 젊은 세대들은 세기의 석학이 던지는 메시지를 유심히 경청할 필요가 있다.

13
"세계 종말이냐, 평화 협상이냐"

- 이제 전쟁을 끝낼 때

우크라이나 사태의 궁극적 책임을 논할 때, 혹은 푸틴은 왜 우크라이나를 침공했는가를 논할 때, 서방에서 유행하는 방식은 푸틴의 육체와 정신에 대한 심층 분석이다. 서방 매체에 따르면, 푸틴은 혈액암을 비롯한 각종 암에 걸렸으며, 심각한 정신질환을 앓고 있다. 촘스키 교수도 이점을 날카롭게 지적하고 있다. "푸틴의 뒤틀린 정신을 조사하고, 그의 깊은 내면에서 무슨 일이 일어나고 있는지를 확인하려고 하는 것이 서구에서 유행"하고 있으나, 작년 9월 미국과 우크라이나가 맺은 나토 가입을 위한 '미-우크라이나 전략적 파트너십 공동성명'[부록4]을 비롯해 지속적인 무기조달, 합동군사훈련 등의 프로그램을 감안한다면, 푸틴의 행동을 이상행동으로 보기 힘들다. 촘스키 교수는 푸틴의 정신상태를 식별하려 하지 말고 우크라이나가 황폐화되고 핵전쟁으로 치달을 수 있는 가능성을 방지하기 위해 조속히 평화 협상을 타결해야 한다고 말한다.

> 푸틴은 왜 침공을 결정했는가? 이 질문을 보는 두 가지 방법이 있습니다. 서구에서 유행하는 한 가지는 푸틴의 뒤틀린 마음을 조사하고 그의 깊은 정신에서 무슨 일이 일어나고 있는지 확인하려고 시도하는 것입니다. 다른 방법은 사실을 살펴보는 것입니다. 예를 들어 미국은 2021년 9월 우크라이나와의 군사협력 강화를 촉구하는 강한 정책 성명을 발표했으며, 더 나아가 첨단 군사무기 조달, 군사작전 및 합동군사훈련 등 우크라이나를 나토에 가입시키기 위한 강화 프로그램을 가동하기로 했습니다. 이것도 한 가지 가능성일 수 있겠지요. 여러분은 선택할 수 있습니다. 유행하는 방식은 푸틴 영혼에 대한 심층분석입니다. 어떤 것이 옳은지 우리는 알 수 없습니다. 우리가 알고 있는 것은 우크라이나가 더욱 황폐화될 것이며, 우리는 핵전쟁의 종말로 치달을 수도 있다는 것입니다. 만일 우리가 지금 협상 타결의 기회를 던져버린다면 말이죠.[01]

촘스키 교수는 이미 여러 차례 우크라이나 전쟁의 해법을 언론에 공개한 바 있다. 전쟁이 지속된다면, 우크라이나 영토는 초토화

---

01 On Ukraine, Brexit and "the most dangerous time in world history", 8:15

될 것이고, 많은 우크라이나 국민은 전사하거나 난민이 될 것이다. 또한 세계 경제는 심각한 상황에 빠질 것이며, 빈곤이 극대화되고 기후 문제는 더욱 절망적 상황으로 치닫게 될 것이다. 따라서 촘스키 교수는 평화 협상을 강력하게 촉구하고 있다.

> 우리 모두는 전쟁이 두 가지 방식 중 하나로 끝난다는 것을 알고 있습니다. 한쪽이 다른 쪽을 파괴하거나 협상된 합의가 도출될 것입니다. 이 전쟁은 어떻게 끝날까요? 이제 러시아는 멸망하지 않을 것입니다. 러시아가 전쟁에서 러시아가 질 수는 있겠지만, 이로써 멸망하지는 않을 것입니다. 하지만 우크라이나는 멸망할 수 있습니다. 러시아는 우크라이나를 파괴할 능력이 있습니다. 따라서 하나의 가능성은 우크라이나가 파괴될 것이고, 다른 하나의 가능성은 합의가 도출되는 것이라고 말하는 것이 정확합니다. 실제로 젤렌스키 대통령은 협상을 위한 다양한 단계를 제안했지만, 러시아가 이를 수락할지 여부는 알 수 없습니다. 그들은 다양한 정도의 지지를 표명했지만, 미국이 강력하게 반대했습니다. 미국의 입장은 공식적으로 지난 9월과 지난 11월의 성명^{미-우크라이나 전략적 파트너십 공동성명과 헌장}, 우크라이나의 나토 가입 가능성, 첨단 군사 무기, 합동 훈련에 대한 성명에서 그대로 유지되고 있습니다. 협상은 없다는 뜻입니다. … 우리는 푸틴이 어떤 생각을 가지고 있는지 모릅니

다. 푸틴의 마음에 대해 온갖 추측을 할 수 있지만 한 가지 확실한 것은 우리가 외교와 협상에 들어가지 않는다면 아무 일도 일어나지 않을 것이라는 사실입니다. 러시아와 우크라이나 단독으로 협상 타결에 도달할 가능성은 매우 낮습니다. 협상에서는 항상 강대국의 참여가 필수적입니다. 보스니아를 보면 쉽게 알 수 있듯이[02] 협상에는 항상 강대국이 참여해 왔습니다. 이것이 세상 돌아가는 방식입니다. 따라서 우리의 노력과 에너지를, 마지막 한 사람의 우크라이나인까지 싸우는 대신 외교적 해결을 가져올 수 있는지 따져보는 데 집중해야 합니다. '마지막 우크라이나인까지'라는 표현은 나의 표현이 아닙니다. 외교사에서 가장 존경받는 인물 중 한 명인 차스 프리먼 대사로부터 인용한 것입니다. 그는 실제로 90년대 초반에 '평화를 위한 파트너십' 구축에 참여했으며 클린턴의 협정 위반에 격렬하게 반대한 사람들 중 한 명입니다.[03]

---

02 보스니아 분쟁은 유고연방이 해체되는 과정에서 일어난 사건으로, 1991년 보스니아계와 크로아티아계가 연대하여 유고연방으로부터 분리독립할 것을 선언하자, 보스니아 내에서도 세르비아인들이 분리독립을 주장했다. 1992년 유럽연합이 보스니아의 독립을 인정하자 보스니아는 내전상태에 돌입하게 되었고, 신유고연방군(세르비아가 중심)의 지원을 받는 보스니아 내 세르비아계가 보스니아 영토의 약 70%를 점령했다. 이에 같은 해 8월 유엔도 평화유지군을 파견하여 내전에 개입하였으나 막지 못했고, 3년 동안 내전에서 많은 희생자가 발생하자, 1995년 러시아가 사태 해결을 위해 세르비아공화국이 보스니아계와 크로아티아계의 연립정부를 인정하는 대가로 세르비아에 대한 유엔제재를 해제해줄 것을 제안했다. 이렇게 내전 당사국들과 미국, 유럽연합, 러시아 등 중재자들이 참여한 가운데 평화 협상이 개최되어 협정이 타결되었다.

03 Ukraine and NATO, 13:47

우크라이나 사태의 해결을 위해서는 크림 반도와 돈바스 문제가 해결되어야 한다. 촘스키 교수는 젤렌스키 대통령이 현명하게 결정한 대로 크림 반도 문제는 다음으로 미루는 것이 좋다는 것에 동의하였다. 하지만 돈바스 지역과 관련하여 8년 동안 폭력이 난무했던 이 지역에 대해 폭력의 근원을 OSCE^{유럽안보협력기구}의 자료들을 통해 분석해야 한다고 주장한다. 8년 간의 내전으로 17,000명 이상이 사망했다. 특히 우크라이나 정규군과 네오나치군에 의해 자행된 러시아인 학살 문제는 매우 심각하다. 돈바스의 도네츠크와 루한스크 두 공화국은 오래전부터 러시아에 편입되기를 원했었다. 이에 대해 촘스키 교수는 다음과 같은 해법을 내놓는다.

> 돈바스 지역에 대해서는 뭔가 조치를 취해야 합니다. 적절한 반응은 아마도 러시아인이 받아들일 수 있는 국민투표가 될 것입니다. 이 지역 사람들이 무엇을 원하는지 볼 수 있도록 국제적으로 감독되는 국민투표가 이루어져야 합니다. 침공 이전에 가능했던 한 가지 가능성은 제2차 민스크 협정을 이행하는 것이었습니다.[04] 이 협정

---

04 민스크 협정은 돈바스 지역의 내전의 종전을 위해 2014년과 2015년 유럽안보협력기구(OSCE)의 중재 하에 벨라루시의 수도 민스크에서 체결된 2개의 협정을 말한다. 돈바스 지역의 친러 세력들은 자체 주민투표를 거쳐 각각 루한스크인민공화국과 도네츠크인민공화국을 세우고 자치권을 요구했으나 우크라이나 정부는 이를 인정하지 않았고 정부군과 분리독립을 원하는 친러반군 사이의 교전이 이어지면서 내전으로 확대되었다. 제1차 민스크협정이 이행되지 않으면서 2015년 2월 또다시 '노르망디 형식 정상회담(러시아, 우크라이나, 프랑스, 독일 4자 정상회담)'이 열려 13개 조항이 담긴 제2차 민스크 협정이 체결됐다. 당시 메르켈 독일 총리, 올랑드 프랑스 대통령, 푸틴 러시아 대통령, 포로셴

> 은 스위스, 벨기에와 같이 우크라이나 연방을 구성하거나 연방구조를 가진 다른 장소에서 자치권을 제공하는 것이 었습니다. 분쟁은 있을 수 있으나 연방 구조 안으로 제한 되는 것입니다.[05]

푸틴 대통령은 우크라이나의 유럽연합 가입에 찬성한다고 밝혔다. 나토는 군사 동맹이기 때문에 러시아를 겨냥하고 위협하는 서방의 중화기가 우크라이나에 배치되는 것은 용납할 수 없다는 입장을 전쟁 중에도 수시로 강조하고 있다. 또한 러시아는 우크라이나를 점령하기 위해서, 혹은 파괴하기 위해서 침공한 것이 아니라는 것을 반복하고 있으며, 촘스키 교수 역시 이를 강조하고 있다. 푸틴은 협상을 원한다. 촘스키 교수의 말을 들어보자.

> 이제 두뇌가 작동하는 사람이라면 누구나 푸틴을 위

코 우크라이나 대통령과 도네츠크, 루한스크 대표들이 협정에 합의하였고, 러시아 측은 제2차 민스크 협정이 이행되지 않은 것에 대해 현재에 이르기까지 심각한 불만을 표출하고 있다. 제2차 민스크 협정의 주요 내용은 다음과 같다: 즉각적이고 완전한 휴전, 양측의 중화기 철수 30km 안전지대 설정, OSCE를 통한 휴전 및 무기 철수 감시, 도네츠크와 루한스크에 대한 특별 지위 승인, 돈바스 지역 분쟁 참가들에 대한 사면 실시, 양측 포로 및 억류자 교환, 분쟁지역에 대한 인도적 지원, 분쟁지역의 사회·경제적 링크 복원, 우크라이나의 러시아-우크라이나 국경 통제 확립, 돈바스 지역에서의 모든 외국군 및 무기 철수, 도네츠크와 루한스크의 특별 지위 부여하는 우크라이나의 헌법 개정, 도네츠크와 루한스크에서의 지방선거 실시, OSCE 대표를 포함한 제2차 민스크 협정을 이행할 실무그룹 구성 (출처: 시사상식사전)

05 On the Russia-Ukraine War, the Media, Propaganda, and Accountability, 14:24

해 협상이라는 퇴로를 남겨야 한다는 것을 알고 있을 것입니다. 만약 푸틴에게, 우리의 정책이 그를 퇴출시키고 모든 것을 파괴시키는 것이라고 말한다면, 그는 모든 위험을 감수할 것입니다. 그는 또 무엇을 하겠습니까? 최악의 일이 일어날 것입니다. 그가 우크라이나인을 싫어하고 그들이 가능한 한 많이 고통받기를 원했다고 가정해 봅시다. 그러한 경우, 그는 협상 기회를 회피하고, 2021년 9월 같은 정책에 대해 비난하고, 비행금지구역을 요구하는 등 전쟁을 확대할 수 있는 기타 사항들을 했어야 합니다. 이것이 하나의 옵션입니다. 다른 옵션은 축소되었다 할지라도 기존 협상 가능성을 추구하는 것입니다. 모든 합의는 젤렌스키가 최근에 제안했지만 미국이 거부한 것과 같아야 합니다. 그 노선을 따라야 합니다. 우크라이나의 중립화는 돈바스 지역에 대한 일종의 합의, 어떤 형태의 자치, 어떤 형태의 연방주의로 구성될 것이며, 크림 반도 문제는 우크라이나를 파괴와 전쟁의 위협으로부터 구할 수 있는 기간 내에 해결될 수 없으므로 미루게 될 것입니다. 이것은 만일 우리가 상황을 해결하려고 할 경우입니다. 만일 우리가 우크라이나가 더 고통받기를 원한다면 힐러리 클린턴의 조언을 따를 수 있습니다. 그녀의 유쾌한 제안은 우크라이나에 아프간스타일의 반군을 일으켜 러시아인을 제거하고 우크라이나인을 학살하는 것입니다. 당신이 좋다면 그렇게 할 수 있습니다. 또는 젤렌스키와 마크롱의 제안을 따를 수도 있

습니다. … 이러한 옵션들이 있습니다.[06]

러시아는 우크라이나와 조지아를 나토 확장에 있어 레드라인으로 설정하면서부터 지속적으로 주장한 것이 우크라이나의 중립화였다. 이번 사태에 있어서도 초기부터 프랑스의 중재안은 우크라이나 중립화였고, 이에 대해 푸틴 대통령은 당연히 찬성의 답을 내놓았다. 젤렌스키 대통령도 중립화에 대해서는 긍정적이었다. 또한 돈바스와 관련해서, 촘스키 교수는 우크라이나의 연방제를 주장하고 있다. 우크라이나가 스위스와 같이 중립국이자 연방국가가 된다면 많은 문제가 해결되는 것이다.

우리는 우리가 모르는 푸틴의 뒤틀린 마음 속에 무엇이 있는지 등을 파악하기 위해 계속 노력해야 합니다. 러시아가 이러한 조건의 해결에 동의하는지 여부를 확인하는 한 가지 방법이 있습니다. 다른 방법은 없습니다. 젤렌스키 대통령이 기본적으로 세부사항에 들어갈 수는 있지만 본질적으로 오랫동안 이해되어 온 조건들을 제시했습니다. 그들은 우크라이나의 중립화를 요구합니다. 즉 우크라이나는 멕시코나 오스트리아와 같은 지위를 가져야 한다는 뜻입니다. 주권의 침해는 아니지만 적대국과의 군사

06　On Ukraine, Brexit and "the most dangerous time in world history", 9:55

훈련은 할 수 없습니다. 우크라이나, 멕시코, 오스트리아의 경우 미국이나 러시아를 향해 무기를 배치할 수 없습니다. 젤렌스키는 우크라이나에 대해 동일한 제안을 했습니다. 러시아인들은 그것이 바로 러시아인들이 목표로 하고 있는 것이라고 주장했습니다. 전쟁의 해결방법에 다른 이슈들도 있겠지만 가장 주요한 것이 이것입니다. 그래서 만약 우크라이나인의 생명을 구하고자 한다면, 그렇게 할 수 있습니다. 그것이 아니라면, 우리는 아무리 많은 우크라이나인들이 죽는다 하더라도, 프리먼 대사가 말한 것처럼 마지막 우크라이나인까지 러시아와 싸워서 죽도록 러시아만 처벌하는 것을 최우선 순위로 생각하면 됩니다.[07]

서방에서는 러시아가 반인륜적인 파괴를 일삼고 그것을 지시하는 푸틴은 미쳤다는 논리로 협상을 거부한다. 전쟁 범죄에 대한 응당한 대가는 불가피하지만, 현재의 우선 순위는 처벌이 아니라 종전과 평화협정이다. 촘스키 교수는 우크라이나를 러시아에 의해 파괴시킴으로써 러시아를 고립시키는 서방의 작전을 비난한다. 우리가 해야할 일은 협상 테이블에 앉는 것이다.

> 우리가 무엇을 할 수 있습니까? 우리는 무엇을 해야

---

07   On the Russia-Ukraine War, 4:00

하는지 알고 있습니까? 그렇습니다. 우리가 해야 할 일은 전쟁을 끝내려고 노력하는 일입니다. 전쟁은 한쪽이 다른 한쪽을 파괴하거나, 협상을 통해 끝낼 수 있습니다. 우리는 전자를 선호하며, 파괴될 나라가 러시아가 아니라는 것을 확실히 알고 있습니다. 우크라이나가 러시아를 우크라이나에서 몰아낼 수는 있겠지만, 러시아를 파괴하지는 못할 것입니다. 만약 서구의 존경받는 평론가인 앤 애플바움[08] 등이 말하는 것을 당신이 믿는다면, 당신은 대서양평의회$^{the\ Atlantic\ council}$ 등지에서 그것들을 읽을 수 있습니다. 그들은 러시아가 너무 미쳤기 때문에 무엇이든 할 수 있다고 말합니다. 따라서 우리는 협상을 거부하고, 러시아가 우크라이나를 파괴하고 있음을 확신시켜야 한다는 것입니다. 그것이 그들의 논리입니다. 많은 사람들이 이 논리를 지지하다니 꽤 흥미롭습니다. 프리먼 대사가 그들의 정책에 대해 설명한 대로, 마지막 우크라이나인까지 러시아와 싸우게 될 것 같습니다. 그러나 방법이 있습니다. 협상입니다. 우리가 참여하기를 거부하는 한, 그들은 아무데도 갈 데가 없습니다. 우리는 프리먼 대사와 다른 사람들이 지적한 다른 것을 기억할 수 있습니다. 미국은 단순히 협상을 거부하는 것이 아닙니다. 미국은 협상을 약화시키고 있습니다. … 미국은 우크라이나가 나토에 가입할 수 있도록 강화된 프로그램을 수립하고 있으며, 첨단 군사무기를 제공하고

---

08 보수주의 저널리스트, 역사가

(이것은 침공 전입니다), 합동 군사 작전을 수행하고 있으며, 러시아를 겨냥한 첨단 무기에 대해 우크라이나 전문가를 훈련시키고 있습니다. 이것이 멕시코에서 벌어지고 있다고 잠시 상상해 보십시오. 미국에서는 어떤 반응이 나올까요?[09]"

---

09 On the Russia-Ukraine War, 12:58

14
"깨어있는 지성인이여, 실천하라"

- 재앙을 막을 수 있는 대중의 힘

이번 우크라이나 전쟁은 전 세계의 이목을 집중시키고, 전 세계의 언론과 경제를 뒤흔들었다. 하지만 정작 이 지구상에는 우크라이나 전쟁이 벌어지고 있는 이 순간에도 동시다발적으로 많은 국지전이 벌어지고 있으며, 많은 난민들이 발생하고 있으며, 많은 사람들이 기아로 죽어가고 있다. 우리는 얼마나 많은 비참한 상황들을 도외시하고 살아왔는가. 이러한 점 때문에 남반구의 국가들은 우크라이나 전쟁으로 시끄러운 이 상황을 비웃고 있다. 하지만 이 전쟁이 여느 국지전과 다른, 더 무시무시한 전쟁임에는 틀림없다. 왜냐하면 제3차 세계대전, 즉 핵전쟁의 확전 가능성 때문이다. 다만 촘스키 교수는 설사 그간 황폐화되고 있는 사회에 둔감하게 살아온 우리들이라 할지라도 이러한 상황에 있어 개개인이 할 수 있는 일이 있다고 말한다.

" 우리가 배울 수 있는 교훈은 대학살을 끝내기 위해 우리가 할 수 있는 일이 있다는 것입니다. 두 질문에 대한 답변이 명확하다는 것이 분명해 보입니다. 그렇습니다. 매일 1면을 장식하고 있는 끔찍한 공포와는 별개로, 훨씬 더 암울한 상황의 전개가 진행 중입니다. 일부는 이미 진행 중이고, 일부는 안심하기에는 너무 가까이 다가왔습니다. 화석 연료 사용을 줄이려는 노력이 급격한 반전을 이루었고, 이것은 사실상의 사형 선고로 계속되고 있습니다. 주요 산유국들의 도취감이 무기 생산국들의 기쁨을 넘어섰습니다. 화석 연료 생산자들은 이제 어리석은 환경운동가들의 트집잡기에서 해방되었습니다. 그들은 이제 문명의 구세주로서 사랑받기를 바라고 있습니다. 그들은 우리가 아무렇게나 파괴하고 있는 엄청난 수의 종들은 말할 것도 없고, 지구에서 문명화된 인간의 삶을 파괴하기 위해 앞으로 달려나갈 권한이 있기 때문입니다. 이것은 우리가 기후를 모니터링하는 국제 기구 IPCC로부터 가장 무서운 분석을 받은 바로 그 순간에 일어나고 있습니다. 그들은 8월 프레젠테이션에서 우리가 지금 당장 즉시 화석 연료를 줄여야 하며, 곧 다가올 되돌릴 수 없는 전환점을 피하기 위해 매년 실질적으로 줄여나가야 한다고 경고했습니다. 한편으로는 문명을 구하기 위해 화석 연료 사용을 늘리려는 엄청난 노력이 필요하다는 인식이 있고, 다른 한편으로는 상상할 수 없는 재앙에서 우리를 구하기 위해서는 화석 연료 사용을 지체 없이 줄여야 한다는 인식이 있습니다. 그것이 현재 진행 중인 상황이며, 이것이 전부는 아닙니다. 우크라이나 사태는 본질적으로 종말 전쟁을 의미하는 핵전쟁의 위기로 우리를 몰아넣고 있습니다. 탈출구는 없습니다. 선제공격을 가하는 나라는 운 좋은 사람이 빨리 죽는 수준으로 파괴될 것입니다. 이것은 동떨어진 우발 상황이 아닙니다. 푸틴은 이미 상징적인 핵 경보를 발령했지만, 이것이 어디로 이어질지는 알 수 없습니다. 러시아가 매우 약한 경보 시스템을 가지고 있다는 것을 이해하는 것이 중요합니다. 그것은 미국과 달리 지평선에만 도달하는 레이더에 의존합니다. 미국은 일촉즉발 공격의 첫 징후에도 경고를 제공하는 위성 탐지를 사용합니다. 러시아 관리들은 공격에 대한 인지가 어렵기 때문에, 사고의 크기에 관계없이 파괴적인 공격을 가할 가능성이 있습니다. 그리고 완전한 파괴를 동반한 많은 사고들이 과거에도 빈번히 발생했습니다. 트럼프의 레킹볼이 클린턴의 나토 확장 이후 모스크바로부터 핵 미사일을 몇 분 거리 안에 두었던 레이건-고르바초프의 INF 조약을 해체했을 때, 위협은 훨씬 더 악화되었습니다.[01] 조지 W. 부시 대통령이 ABM 조약을 해체한 것도

---

01 INF(Intermediate-Range Nuclear Forces, 중거리 핵전력 폐기) 조약은 1987년 12월 미국 로널드 레이건 대통령과 소련 미하일 고르바초프 서기장이 백악관에서 만나 중거리 지상 발사 미사일을 폐기하기로 합의한 조약이다. 폐기대상은 중거리 탄도미사일(IRBM), 지상 발사 순항미사일(GLCM)을 사정거리 1,000~5,500km, 단거리 탄도미사일(SRBM)을 사정거리 500~1,000km로 규정한 것이다. 하지만 2018년 미국의 도널드 트럼프 대통령은 돌연 조약을 탈퇴하겠다고 선언, 이듬해 2월 이행 종료를 공식화했다. 중국, 러시아의 군

비슷한 결과를 낳았습니다.02 여론 조사에 따르면, 미국인의 3분의 1 이상이 러시아와 핵 분쟁의 위험이 있더라도 미국이 우크라이나에서 군사 행동을 취하는 것에 찬성한다고 합니다. 이는 미국인의 3분의 1 이상이 비행 금지 구역 설정에 대한 의회와 언론의 영웅적인 선언에 귀를 기울이고 있다는 것을 의미합니다. 지금까지 러시아 내부의 대공 시설을 파괴해야 할 필요가 있다고 주장하는 국방부는 이것이 종말 전쟁으로 나아갈 가능성이 매우 높다는 것을 알고 있습니다. 그러한 광기를 차치하고도, 우리가 좋든 싫든 우크라이나인과 세계의 운명에 대해 우려를 한다면, 푸틴에게 적어도 일종의 퇴로를 제공해야 한다는 것은 모든 사람에게 명백합니다. 불행히도 윈스턴 처칠의 대담하고 무모한 사칭은 우크라이나와 그 너머의 희생자들에 대한 우려보다 더 매력적으로 보이는 것 같습니다. 우리가 무엇을 할 수 있겠습니까? 우리의 유일한 선택은 현재의 위협을 극화시켜 (반전에 관한) 지지를 끌어내기 위해 행동을 조직화하는 헌신적인 작업과 교육입니다. 간단한 과제가 아닙니다. 생존을 위해 필수불가결합니다.03

사력 증대와 중국의 미사일 전력이 급부상한 것이 그 배경으로 알려져 있다.

02 ABM(Anti-Ballistic Missile, 탄도요격미사일 제한) 조약은 1972년 미국 리처드 닉슨 대통령과 소련 브레즈네프 서기장이 모스크바에서 체결한 탄도탄 요격 미사일을 제한하는 조약이다. 2002년 조지 W. 부시 대통령이 일방적으로 조약을 파기했다.

03 'Ucrania: Solucion Negociada. Seguridad Compartida', 27:21

촘스키 교수는 대중의 힘이 강력함을 믿고 있다. 세상을 움직일 수 있는 힘을 대중이 가지고 있다는 것은 대한민국 역시 촛불혁명을 통해 보여준 바가 있다. 이번 전쟁에 있어서도 대중이 역할을 할 수 있다고 말한다. 물론 러시아의 정책이나 중국의 정책에 영향을 미칠 수는 없겠지만, 적어도 미국의 정책에 영향을 미칠 수는 있다고 말한다. 자국민이 자국의 정책에 영향을 미칠 수 있다고 그 힘을 보여줄 필요가 있다고 말하고 있으나, 현 글로벌 세계에서 대중의 힘은 더 강력할 수 있을 것이다. 근사한 예로 아이돌 그룹과 그 팬클럽이 '선한 영향력'을 전 세계에 전파하고 있는데, 세계 평화를 위한 결집된 대중의 힘이 있다면 무엇이든 할 수 있지 않을까. 촘스키 교수는 미국에서 대중의 힘을 보여줬던 여러 사례를 이야기하는데 그 중 한 가지 실례를 인용해 보도록 하자.

> 우리 각자는 스스로에게 던질 수 있는 가장 심각한 질문을 할 수 있습니다. 현재의 위협을 완화하고 세계를 개선시키기 위해 내가 할 수 있는 일이 무엇인가요? 우리 각자가 할 수 있는 일이 많습니다. 우리는 러시아의 정책을 바꿀 수 없습니다. 나는 그럴 방법이 없으며, 중국의 정책에 영향을 미칠 방법이 없습니다. 하지만 우리는 미국의 정책에 영향을 미칠 수 있습니다. 우리는 전체주의 국가가 아닙니다. 당신과 나는 이러한 토론을 했다고 수용소로 보내지지는 않을 것입니다. 우리는 무시되어질 것입니다. 이것

이 미국에서 처리되는 방식입니다. 공식 미국 정책을 낼 필요가 없고, 미국인이 아닌 크렘린이 이것을 읽게 하여도 당신은 처벌받지 않습니다. 이것은 우리가 조직하고 행동할 수 있다는 것을 의미합니다. 과거에 성공한 경우가 많습니다. 1980년대 초반의 실제 사례를 들어봅시다. 심각한 긴장의 고조가 핵전쟁으로 이어질 수도 있었습니다. 유럽과 미국에서 거대한 대중적 봉기가 일어났습니다. 아마도 역사상 가장 큰 규모였을 것입니다. 레이건의 전쟁 확대에 반대하는 대규모 집회가 영향을 미쳤습니다. 1987년 레이건과 고르바초프는 유럽과 러시아에서 모든 단거리 미사일을 제거하기로 하는 매우 중요한 중거리 핵전력 조약인 INF조약_{레이건·고르바초프 조약}을 맺었습니다. 이것은 매우 중요했습니다. 이것은 트럼프 대통령이 조약을 파기한 2018년까지 전쟁의 위협을 급격히 줄이고 상황을 크게 개선했습니다.[04]

촘스키 교수가 예로 들고 있는 1980년대 핵무기 군축을 이끈 반핵평화운동은 전쟁을 억제한 진정한 평화운동이었다. 1970년대 데탕트로 인해 미국과 소련이 군축 협상에 나서는 듯 보였지만, 1977년 미국이 중성자탄의 유럽배치를 검토하고, 소련이 중거리 탄도미사일 SS-20을 배치하면서 핵무기 경쟁이 다시 격화되었다.

---

04 On the Russia-Ukraine War, 26:38

미국 주도 하의 나토가 1979년 12월 유럽 핵전력을 강화하기 위해 신형 중거리 미사일인 퍼싱-2 108기 배치를 결정하면서 사태가 심각해졌다. 중성자탄 반대 운동이 네델란드에서 활발하게 이루어졌고, 덴마크, 노르웨이로 확산되었다. 1979년 나토의 핵무기 배치 결정은 유럽 전역으로 강력한 저항을 불러일으켜, 나토 회의가 열린 벨기에 브뤼셀에서는 7만 명이 참여한 집회가 열렸고, 1980년 런던에서는 8만 명이 도심 행진에 나섰다. 이러한 일련의 유럽 전역의 평화운동은 군비축소를 압박하고 평화주의적 연대를 실현시켰다. 미사일 배치를 백지화하거나 일방적 핵군축을 달성하지는 못했지만, 1987년 12월 최초의 핵무기 군축 합의인 중거리핵미사일 폐기협정[INF]라는 결실을 맺은 것이다.[05]

 우리는 우크라이나 전쟁에 있어 대중의 힘을 모아 무엇을 할 수 있을 것인가. 전쟁 종식을 위한 연대를 만들어야 할 것이다. 전쟁 종식을 위해 강대국 및 UN의 중재가 필요하며, 우크라이나에 무기 공급을 중단해야 한다. 미국이나 유엔은 당사국들의 이견을 좁힐 수 있도록 협조해야 한다. 촘스키 교수에 따르면, 우크라이나를 중립국과 연방국으로 만들고, 돈바스 지역의 두 공화국은 국제적 감시 하에 선거를 통해 입장을 결정한다는 것이다. 크림 반도의 문제는 나중으로 미룬다. 물론 헨리 키신저 전 장관은 "전쟁의 종식과 평화를 위하여 우크라이나는 영토를 포기해야 한다."고 말한 바 있다. 하지만 이러한 모든 것조차 협상 테이블에 앉아야지만 논의될 수 있고, 그것을 해결하고자 하는 적극적인 중재자가 있어야

---

[05] '1980년대 유럽 평화운동', 구준모, 사회진보연대인천지부, 2016/04 제15호

만 한다. 지금까지 다섯 차례의 협상테이블이 결렬된 것은 당사국보다는 중재자의 의지가 부족했던 것으로 보인다. 우리가 촉구해야 할 것은 강대국과 유엔이 평화의 중재자 역할을 하도록 하는 것이다. 이를 위해서 반드시 필요한 것은 무기를 제공하여 전쟁을 부추기는 것이 아니라 무기 공급을 중단하여 협상을 위한 휴전을 촉구하는 것이다. 단결된 시민의 힘은 이제 모여서 집회를 하는 것뿐만 아니라 각자 할 수 있는 방식으로 보여주어야 할 것 같다. 그것은 SNS 등 현대적 대중매체를 통할 수도 있고, 유엔이나 정부 홈페이지를 통해 정부 차원의 조치를 촉구할 수도 있을 것이다. 이 전쟁의 종식을 위해 개인이 할 수 있는 일이 있다는 것, 그것을 찾아야 한다는 것이 촘스키 교수가 우리에게 던져준 숙제이다. 그것이 무엇이든 간에 촘스키 교수가 말하는 '각자 개인이 할 수 있는 조직과 행동'은 80년대 유럽의 핵무기 확산을 막았듯이 이번 전쟁의 평화적 해결을 유도할 수 있을 것이다.

에필로그

이번 사태는 일어나지 않았으면 좋았을 것이다. 하지만 이미 벌어진 전쟁은 빨리 종식될 수 있도록 당사국들의 노력뿐만 아니라 세계인들 모두의 노력이 필요하다. 그것이 촘스키 교수의 주장이며, 필자가 이 책을 쓰는 이유이다. 우리는 이번 전쟁을 통해 이 세계가 직면한 현실을 다시금 깨닫고, 이 전쟁의 원인과 과정을 정확히 이해하여 더 이상 전쟁이 발발하지 않도록 세계의 문제에 관심을 가져야 한다.

우크라이나 전쟁이 없었어도, 이 세계는 각종 분쟁과 전쟁, 이로 인한 기아와 질병, 난민이 난무하고 있었다. 우크라이나 전쟁 이전 2014년부터 돈바스 지역에서 8년간 내전이 있었고, 이로 인해 17,000여 명의 민간인이 사망 내지 학살되었음을 알고 있었던 사람은 소수에 불과하다. 이를 제외하고도, 아프가니스탄, 예멘, 팔레스타인, 중국 일대 등지에서 끊임없이 각종 분쟁이 일어나고 있다. 끊임없이 벌어지는 전쟁과 분쟁에 우리는 어느 정도의 관심을 가지고 있는가. 우리의 무관심도 사실이지만, 우리의 관심의 정도와 반응은 언론 보도의 양과 내용에 비례하는 것이 현실이다. 왜 아무도 전쟁의 종식을 위한 노력은 하지 않는지, 아무 언론도 그에 대한 언급은 없는지, 왜 평화를 언급하지 않는지, 왜 각국의 정상들은 우크라이나에 무기 공급만을 이야기하며 평화적 해결은 도모하지 않는지, 우리는 혼란스런 세상에 살고 있는 것이다.

무엇이 진실인지를 모르는 채 세상이 흘러간다고 해도, 우리 세계는 환경 오염과 이상 기후로 인한 대재앙을 목전에 두고 있다. 우크라이나 사태가 일어나기 직전까지만 해도, 각국의 정상들은 이 대재앙을 막기 위해 탄소제로를 추구하고 화석연료 사용을 억제하며 재생에너지 정책을 펴는 등 지구를 살리기 위해 몸부림쳤다. 그 논의들은 갑자기 사라지고, 미국의 러시아 벌주기 정책에 따라 모든 유럽국가들은 다시 화석연료를 사용하고 핵발전소를 가동하며 세계를 거꾸로 돌리고 있다. 푸틴은 협상을 지속적으로 요청하고 있지만, 협상은 계속 타결되지 않는다. 왜인가.

이러한 궁금증에 대하여 촘스키 교수는 매우 현명한 해답을 제시한다. 이미 여러 번 반복했듯이, 전쟁의 평화 협상은 당사국이 절대 할 수 없다. 강대국의 도움을 받아야만 한다. 우리는 마지막 우크라이나인이 전쟁에서 사망할 때까지, 우크라이나 전체가 초토화될 때가지 기다릴 수는 없다. 전쟁의 결과는 우크라이나가 패망하거나 협상하는 것뿐이다. 촘스키 교수의 '있어서는 안되는 제3

의 가능성'은 핵전쟁이다. 따라서 미국은 반드시 협상을 주도하고, 더 이상의 피해를 축소해야 한다. 단 한 명의 우크라이나인이라도 구하고 싶다면 말이다.

촘스키 교수는 우크라이나의 중립화가 러시아와 젤렌스키 대통령 모두 동의하는 바로서 현 시점에서 가장 타당한 협상안으로 인정했으나, 이것은 차안이라고 보았다. 가장 좋은 방법으로 제시하는 것은 '군사동맹 없는 유럽의 평화공동체 구상'이다. 중요한 것은 군사동맹이 없어야 한다는 것이다. 그는 패전국을 받아들인 '유럽협조체제'의 백년의 시기 동안 전쟁 없이 평화로웠음을 강조한다. 세계대전과 더불어 소련을 압박하고자 하는 미국 주도 하의 '나토' 결성이 결국 유럽의 평화를 깨고 안보 위기를 촉발하였으나, 지금이라도 전쟁을 종식시키고 군사동맹 없는 러시아와 유럽의 공동체제 구축에 힘써야 한다고 주장한다.

> 그냥 역사를 보세요. 수세기 동안 유럽의 역사를 보십시오.. 프랑스와 독일의 가장 큰 목표는 서로를 학살하는 것이었습니다. 그보다 더 좋은 것은 없었습니다. 그래서 몇 년마다 대량학살을 했습니다. 그들은 지금 무엇을 하고 있습니까? 그들은 유럽연합의 평화로운 동맹국입니다. 100년 전만해도 프랑스와 독일이 국경없이 상업과 문화 관계를 맺으며 협력하는 유럽연합이 있을 것이라고 아무도 상상하지 못했습니다. 상상할 수 없는 일이었지만 이루어졌

습니다. 군사동맹 없는 고르바초프의 '리스본에서 블라디 보스톡까지, 유럽, 공동의 집' 같은 프로젝트도 이루어질 수 있습니다. 이것은 모두의 이익을 위해 이루어질 수 있 습니다. 유럽은 러시아와 화해함으로써 큰 이익을 얻을 수 있습니다. … 당신은 정신을 차리고 고르바초프와 샤를 드 골이 제안한, 아시아와 유럽뿐만 아니라 모든 사람들에게 이득이 되는 화해의 장으로 이동해야 합니다. 이것은 불가 능하지 않습니다.[01]

우리는 촘스키 교수의 중요한 두 가지 제언을 귀담아 들을 필요가 있다. 첫 번째 제언이 지금 언급한 '군사동맹 없는 유럽공동체'이다. 과연 유럽에 군사동맹이 필요한가. 유럽의 평화를 위해 드골과 고르바초프의 구상을 실현시켜보는 것은 어떤가. 현재의 나토는 결국 러시아를 고립시키기 위해서라기 보다는 중국을 견제하기 위한 수단으로 전락한 것처럼 보인다. '평화를 위한 파트너십' 역시 그 구상은 나토를 대신할 수 있는 평화 구상안이었다. 종래의 유럽 평화구상안을 다시금 상기하여 부활시켜볼 필요가 있다.

현재 러시아, 중국, 인도, 터키 등 브릭스를 중심으로 제재에 동참하지 않는 140여 개국과 미국, 서유럽을 중심으로 하는 나라들이 양분되는 양상을 보이고 있다. 혹자는 신냉전의 가능성을 점치기도 한다. 러시아는 오랫동안 미국 중심의 일극 체제를 비판하고,

---

01　Ukraine and Beyond, 1:07:06

다극 체제를 주장해 왔다. 이번 경제제재를 비롯한 러시아의 고립화는 오히려 달러 기축통화가 가지고 있었던 맹점을 드러내면서 달러의 무기화에 반기를 드는 브릭스 국가들과 남반구 국가들의 연대에 일조했다.

미국은 이미 슈퍼파워이다. 더 이상의 양분된 세계를 막기 위해서는 전 세계가 평화공동체가 되어야 한다. 그러려면 미국은 슈퍼파워의 위상을 유지하면서 좀더 유연하게 전 세계 국가들의 다극 체제가 형성될 수 있도록 협조해야 한다.

그가 주장하는 두 번째 제언은 많은 시민들의 움직임이 미국을 바꿀 수 있다고 믿는 것이다. 촘스키 교수는 반미주의자로 알려져 있지만, 필자가 보기에는 미국을 사랑하는 사람으로 보인다. 미국을 증오하는 사람이라면 이미 미국을 떠났을 것이다. 그는 오랜 시간 미국을 비판하며 미국이 경제, 정치적인 슈퍼파워로서 도덕적으로도 그 위상을 가져야 한다고 애정어린 충고를 하고 있는 것이다. 또한 미국 정부를 움직일 수 있는 힘은 국민 개개인으로부터 나온다고 생각하고 있다. 그는 이번 전쟁이 미국의 개입이 있었던 만큼 중재협상을 이끌어야 하는 것도 미국이라고 생각하고 있다. 이를 위해 많이 시민들의 공감이 필요하고, 그들의 움직임이 필요하다는 것이다.

촘스키 교수의 동영상을 보라. 그가 말하는 모든 것은 궁극적으로 반전과 평화를 향해 있다. 그것은 한 세기 전 톨스토이나 간디가 이야기한 것과 다르지 않다. 촘스키 교수의 나이는 94세이다. 그는 고령임에도 불구하고 일주일에 한 번 이상의 인터뷰를 하며,

그 영상이 유튜브에 오르고 있다. 유튜브를 통해 자신의 생각을 설파하는 것, 이것이 그가 할 수 있는 최대의 평화운동인 것이다.

후속세대들은 그의 노력이 헛되지 않도록 많이 듣고 배우며 몸소 실천해야 할 것이다. 종전을 위하여, 세계 평화를 위하여, 기후 위기 대응을 위하여, 언론의 자유를 위하여, 진정한 민주주의를 위하여 우리가 무엇을 할 수 있는지 스스로 노력해야 할 것이다.

부록

부록 1

부쿠레슈티 나토 정상회의 선언[01]

2008년 4월 3일 부쿠레슈티에서 열린 북대서양조약기구 이사회 회의에
참가한 국가 및 정부 수반들의 발표

1. 북대서양조약기구 회원국들의 국가 및 정부 수장인 우리는 우리의 동맹을 확대하고 21세기에 기존 및 새로 등장하는 안보 위협에 대항할 우리의 역량을 강화하기 위해 오늘 이 자리에 모였다. 우리는 나토를 혁신하기 위해 최근 몇 년 간 이루어진 상당한 진척에 대해 검토했으며, 이 과정이 반드시 지속되어야 한다는 데에 동의했다. 대서양 연안 국가들 간의 연결고리의 지속적인 가치, 그리고 유럽과 북아메리카 간의 안보 회담을 위한 필수적 장으로서의 나토의 지속적인 가치를 인정하며, 우리는 워싱턴조약에 담긴 공통된 비전과 공유되고 있는 민주적 가치들에 대한 우리의 연대, 결속, 그리고 헌신을 재확인했다. 동맹 안보의 불가분성 원칙은 근본적인 것이다. 우리의 국민들, 영토, 군사에

---

01 2008년 루마니아 부쿠레슈티에서 열린 나토 정상회의에서 우크라이나와 조지아의 나토 가입 의향에 환영을 표하고 '멤버십 행동 계획(MAP)'이라는 가입 전 단계에 돌입시킴으로써 두 나라의 향후 나토 가입 가능성을 명백화함으로써 러시아와의 갈등을 구체적으로 촉발시킨 계기가 된 선언이다. 이 선언문에는 이외에도 아프가니스탄, 발칸지역 문제 등에 대해 언급되어 있으며, 알바니아, 크로아티아 가입 및 탄도미사일 확산 문제 등이 적시되어 있다. 나토 및 국제관계 연구자들에게 도움이 되고자 전문을 게재한다. 원문은 나토 홈페이지(www.nato.int)에 있으며, 본서의 관련 내용은 18쪽에 있다.

대한 강력한 집단적 방어가 우리 동맹의 핵심 목적이며, 우리에게 가장 중요한 안보 과제로 남아있다. 우리는 유엔 헌장의 목적과 원칙에 대한 우리의 신념을 다시 확인한다.
2. 오늘 우리는 나토 가입에 대한 대화를 시작하기 위해 알바니아와 크로아티아를 초대하기로 결정했다. 우리는 이러한 역사적 성취에 대해 이 나라들을 축하한다. 이들은 이를 수 년 간의 노력으로 얻어냈고, 공통 안보와 나토의 공유 가치에 대한 헌신을 입증해 보였다. 이 새로운 회원국들의 가입으로 유럽-대서양 전역의 안보가 강화될 것이고, 완전하고, 자유롭고, 평화로운 유럽이라는 우리의 목표를 더 가까이 다가올 것이다.
3. 우리는 대서양 연안 국가들의 연결고리의 중요성을 분명히 보여줄 2009년의 60주년 정상회담을 고대하고 있다. 우리는 새로운 회원국들과 함께, 과거의 교훈을 토대로 안보 문제에 대해 더 나은 대응을 하고, 파견가능한 역량이 더 커지고, 우리의 파트너들과 새로운 관계를 맺으며 우리의 동맹을 지속적으로 변화시키고 있다. 이 정상회담은 21세기에 진화하는 문제들을 해결하고, 완벽한 임무 완수 능력을 유지하고, 집단적으로 국내의 안보를 방어하고 해외의 안정에 기여하는데 있어서 동맹의 역할에 대한 비전을 더욱 명확히 하고 강화할 기회를 제공할 것이다. 따라서 우리는 2009년 정상회담에서 채택하여 이 중요한 임무를 위한 자리를 더욱 공고히 할 수 있도록, 상설 이사회에 동맹 안보 선언을 준비해 줄 것을 요청한다.
4. 우리는 부쿠레슈티에 우리의 파트너 국가들 몇몇을 초대했다. 유엔 사무총장 반기문 씨, 그리고 기타 국제 기관들의 저명한 대표들이 있다. 오늘날의 많은 안보 문제들은 나토 단독으로 성공적으로 대응할 수 없다. 이러한 문제들은 공유된 개방성과 협력의 정신과 전방면에서의 결단을 기반으로, 진정으로 포괄적인 접근법의 일환으로서, 더욱 폭넓은 국제적 커뮤니티와의 넓은 파트너십을 통해서 해결하는 것이 가장 좋다. 우리는 함께 일함으로써 평화와 안정을 촉진시키고, 점점 더 우리 모두의 안보에 영향을 미치는 전 세계적 문제들을 해결하기 위한 결의에 차 있다.
5. 이러한 공동의 노력의 성공은 개별적 헌신에 크게 달려있다. 우리는 나토 임무와 작전에 관여하고 있는 동맹국 및 기타 국가들의 6만 명이 넘는 남성과 여성

들의 전문성과 용기에 경의를 표한다. 우리는 임무 수행 중에 사망하거나 부상당한 자들의 가족들과 사랑하는 사람들에게 가슴 깊은 유감을 표한다. 그들의 희생은 헛되지 않을 것이다.

6. 유럽-대서양 및 더 넓은 국제적 안보는 향후 아프가니스탄이 평화롭고 민주적인 국가, 인권을 존중하고 테러리즘의 위협이 없는 나라가 되는 것과 긴밀히 연결되어 있다. 이러한 이유로, 현재 40개국으로 구성되어 있는 유엔(UN)으로부터 권한을 받은 국제안보지원군(ISAF) 임무가 우리의 최우선순위이다. 아프가니스탄인들과 함께 일하며 우리는 상당한 진척을 이뤘지만, 남아있는 과제들은 더 많은 노력을 요구한다는 것을 우리는 알고 있다. 우리와 아프가니스탄 파트너들은 극단주의자들과 테러리스트들이 아프가니스탄을 다시 점령하거나 우리 국민들을 위협하는 테러의 기지로 사용하지 못하게 할 것이다. 우리의 ISAF 파트너들과 함께, 그리고 카르자이 대통령의 협조를 통해, 우리는 아프가니스탄에 대한 성명서를 발표할 것이다. 이 성명은 네 가지 원칙이 이끄는 분명한 비전을 제시한다. 그 네 가지 원칙이란, 단단하고 공유되는 장기적 헌신, 향상된 아프가니스탄의 리더십과 책임에 대한 지원, 민간과 군의 노력을 모으는 국제적 커뮤니티를 통한 종합적 접근, 그리고 아프가니스탄의 이웃국가, 특히 파키스탄의 협력과 참여 증가이다. 우리는 우리의 결단력을 더욱 입증해주는 나토 동맹국들 및 파트너들의 신규 병력 및 기타 형태의 지원에 대한 발표를 환영하며, 향후 추가적인 기여에 대한 소식을 고대한다. 우리는 유엔 사무총장의 아프가니스탄 특별 대표이자 유엔 아프가니스탄 원조 미션(UNAMA)의 장(長)인 카이 아이데(Kai Eide) 대사 지명 또한 환영한다. 그는 국제 사회의 노력에 더욱 박차를 가하고 일관성을 더할 것이다. 우리는 아프가니스탄 맹약(Afghanistan Compact)에 대한 진행상황을 검토하고, 더욱 진척시키기 위한 국제적 노력을 강화하게 될 다가오는 파리 회담을 환영한다.

7. 발칸지역의 안보 및 안정을 위한 우리의 노력은 지속되고 있다. 우리는 폭력을 마주하여 신속하고 공정하며 효과적으로 대응한 코소보군(Kocovo Force, KFOR)을 높이 평가하며, 코소보 내 유엔이 권한을 부여한 나토 주도의 코소보군 및 기타 국제적 군사들에 대한 모든 공격에 대해 통탄한다. 우리는 안전보장이사회가 다르게 결정하지 않는 한, 거주이전의 자유를 포함하여 코소보

의 모든 사람들을 위한 안전하고 안정적인 환경을 보장하기 위해, 유엔안전보장이사회 결의안(UNSCR) 1244에 의거하여 코소보군이 코소보에 남아있을 것이라는 점을 반복한다.

8. 나토와 코소보군은 코소보 당국과 계속해서 일할 것이며, 코소보군은 작전 권한을 유념하면서, 안정적이고 민주적이며 다민족적이고 평화로운 코소보를 만들기 위해, 적절한 대로 유엔, EU, 기타 국제적 행위자들과 협력하고 이들을 도울 것이다. 우리는 코소보에서 법치주의에 대한 존중을 담보하고, 폭력을 예방하고 단죄하기 위한 긍정적인 조치들을 취하도록 모든 당사자들에게 촉구하는 유엔의 행위를 지원한다. 나토와 코소보군은 코소보 당국이 지금까지 보여준 자제력을 환영한다. 우리는 그들이 표준, 특히 법치주의와 소수 민족 및 소수 커뮤니티의 보호, 역사 및 종교 유산 보호, 범죄 및 부패 척결과 관련한 표준을 시행할 수 있도록 최선을 다할 것을 기대한다.

9. 나토는 미래의 안보 관련 문제의 실행에서 제 역할을 할 준비를 하고 기다리고 있다. 유엔안전보장이사회 결의안 1244를 소환하며 우리는 코소보에서 국제적 군사 주둔의 필요성을 확인한다. 이들의 노력은 국경선 관리를 포함하여 거주 이전의 자유와 사람 및 상품의 이동에 기여할 것이다. 우리는 이 지역의 모든 행위자들이 건설적으로 참여하고 코소보 및 이 지역의 안보 상황을 해칠 수 있는 모든 행위 및 수사(레토릭)를 피하기를 촉구한다. 코소보군은 모든 당사자들과 긴밀한 안보 대화를 이어 나갈 것이다.

10. 오늘날의 정보 환경, 특히 아프가니스탄과 코소보에서 우리 작전과 관련한 정보 환경은 나토의 정책 및 국제적 작전 참여와 관련하여 현지 및 국제 청중들과 적합하고, 시의적절하고, 정확하고, 대응적인 커뮤니케이션이 필요함을 보여준다. 우리는 미디어운영센터(Media Operations Centre)의 빠른 대응이 보여주는 것과 같이 나토의 전략적 의사소통 역량 향상에서 보인 발전을 환영한다. 우리는 정상회담에서 발족한 인터넷 상의 나토 TV 채널 또한 환영한다. 이 채널에서는 특히 아프가니스탄의 다양한 지역에서 정규 뉴스 및 업데이트와 영상 리포트를 제공할 것이다. 우리는 2009년 정상회담 시점까지 우리의 전략적 커뮤니케이션을 더욱 발전시키기 위해 지원할 것을 약속한다.

11. 아프가니스탄과 발칸에서의 경험은, 오늘날과 향후의 안보 문제에 성공적으

로 대응하기 위해서는 국제 사회가 더욱 긴밀히 협력해야 하고 종합적인 접근법을 취해야 함을 보여준다. 종합적 접근법을 효과적으로 시행하려면 비정부 기관 및 관련 현지 단체들을 포함한 모든 주요 행위자들의 협력과 도움이 필요하다. 이를 위해 모든 주요 국제적 행위자들이 조직적으로 행위하고, 다양한 민간 및 군 기관들을 그들 각각의 강점과 권한을 고려하여 적용하는 것이 필수적이다. 우리는 종합적 접근법에 대한 나토의 역할을 개발 및 실행할 실용적 제안들로 구성된 <액션 플랜>을 승인했다. 이 제안들은 나토의 자체 위기 관리 도구들의 일관된 적용을 개선시키고, 안정화 및 재건설을 위한 물자공급을 포함하여 어디든 적절한 곳에 기타 행위자들이 전 수준에서 실용적 협력을 향상시키도록 하는 것이 목표이다. 예를 들면 작전 계획 및 수행, 훈련 및 교육, 외부 행위자들과의 협력 증대 같은 분야들과 관련된다. 우리는 상설 이사회에 이 액션 플랜을 우선순위로 실행하고, 관련 발전 사항 및 얻은 교훈들을 고려하여 지속적인 검토를 할 것을 요구한다.

12. 우리는 유엔의 국제적 평화와 안보 유지 작업을 지원하는 10년이 넘은 유엔과 나토의 협력을 긍정적으로 생각한다. 우리는 발칸지역과 아프가니스탄에서 유엔이 승인하고 나토가 이끄는 작전들을 통한 평화유지에 있어서 협력해 왔다. 이 공통된 경험은 이 두 단체들 간의 효과적이고 효율적인 조직화가 갖는 가치를 입증해 보였다. 더 많은 협력은 국제 사회가 응답하도록 요청 받는 위협 및 도전과제들을 해결하는 데 크게 도움이 될 것이다. 나토는 워싱턴조약에 명시된 대로, 유엔헌장 제51조에 인정되는 천부적인 독자적 또는 집단적 자기방어권의 행사를 포함하는 유엔 헌장의 목적과 원칙에 대한 신념을 다시 한 번 확언한다. 국제적 평화 및 안보 유지에 대한 일차적 책임은 유엔 안전보장이사회에 있다.

13. 나토는 테러리즘과의 싸움에 대한 유엔안전보장이사회 결의안 1373 및 기타 유엔안전보장이사회 결의안에 대한 국가들의 실행과 관련한 역할을 하고 있으며, 유엔안전보장이사회 결의안 1540에 대한 국가들의 실행에도 역할을 하여 대량살상무기의 비확산을 지원하고 있다.

14. 나토-EU 관계는 테러리즘과의 싸움, 일관성있고 상호적으로 강화하는 군사 역량 개발, 민간 긴급 계획을 포함하여 안보, 방어, 위기 관리와 관련된 다양한

공통 관심사를 다루고 있다. 베를린 플러스를 통한 알테아 작전을 포함하여 서부 발칸지역에서 이루어진 우리의 성공적인 협력은 이 지역에서 평화와 안보에 기여하고 있다. 공통된 가치와 전략적 이해관계에 비추어 볼 때, 나토와 EU는 주요 위기 관리 작전에서 서로 협력하고 있으며 앞으로도 그렇게 할 것이다. 우리는 더욱 강력하고 더욱 유능한 유럽의 방어가, 나토와 EU 모두가 마주하는 공통된 문제들을 시정하는 역량을 제공하면서 가져오는 가치를 인지하고 있다. 우리는 따라서 이 목적을 위해 상호적으로 강화하는 노력을 지지한다. 이러한 협력과 앞으로 있을 협력 시도는 효과적인 협력 방안을 보장하기 위한 개선된 노력을 촉구한다. 따라서 우리는 나토-EU의 전략적 파트너십을 두 기관이 합의한 대로 개선시키고, 더 긴밀한 협력과 더 높은 효율성을 달성하고, 투명성의 정신으로 불필요한 중복을 피하고, 두 기관의 자율권을 존중하기로 결의를 다졌다.

15. 우리는 그 동기나 결과가 무엇이든 간에, 테러리즘의 모든 행위들을 아주 강하게 규탄한다. 우리 동맹국들은 국제법 및 유엔의 원칙에 따라, 필요한 만큼, 독자적으로 그리고 집단적으로, 이 악행에 맞서 싸울 결의를 유지하고 있다. 테러리스트들은 비대칭 전략을 포함하여 다양한 재래식 무기 및 전략들을 사용하며, 국제 평화와 안보를 위협하기 위해 대량살상무기(WMD)를 사용하고자 할 수도 있다. 우리는 테러리스트들의 공격에 대항하여 우리의 국민, 영토, 기반시설, 무력의 보호에 대한 커다란 중요성을 강조한다. 우리는 테러리스트들이 대량살상무기에 대한 접근과 사용을 예방하기 위한 목적으로, 대량살상무기의 확산을 예방 및 통제하기 위한 정책들을 개발하고 돕는 일을 지속할 것이다. 우리는 또한 새로운 기술들의 지속적인 개발 등을 통하여 테러리스트의 공격에 대한 방어를 돕기 위해 진보된 역량을 개발하기 위한 우리 프로그램에 대한 지원도 지속할 것이다. 우리는 특히 나토 작전들과 관련하여, 테러리즘에 대한 나토의 정보 공유 능력을 강화하는 데 지속적으로 힘쓸 것이다. 우리 동맹은 테러리즘에 대한 대응에 있어서 대서양 연안 지역에서 불가결한 역할을 제공하고 있으며, 우리 동맹국들은 유엔안전보장이사회 결의안 1373과 관련 유엔안전보장이사회 결의안, 특히 유엔안전보장이사회 결의안 1540의 완전한 실행에, 그리고 이 방면에서 국제 사회의 더욱 광범위한 노력에 지속적

으로 기여할 것이다. 우리 파트너들, 그리고 적절한 대로 기타 국제 기관들과의 대화와 협력이 필수적이며, 우리는 <테러리즘에 대한 파트너십 액션 플랜> 실행 재활성화를 향한 노력을 환영한다. 우리는 테러리즘에 대항한 싸움에서 계속해서 상당한 기여를 하고 있는 지중해 해상 작전인 <액티브 엔데버(Active Endeavour)> 작전에 대한 우리의 의지를 강조한다.

16. 우리는 다르푸르에서 자행되는 지속적인 폭력과 악행에 매우 깊이 우려하고 있으며, 모든 당사자들에게 교전을 중단할 것을 촉구한다. 나토는 유엔과 아프리카연합(AU)과의 협의 및 합의에 따라, 이 지역에서 평화유지를 지원하기 위한 준비를 갖췄다. 아프리카 연합의 요청에 따라, 나토는 아프리카연합의 소말리아 미션에 지원을 제공하기로 합의했고, 우리는 이 미션에 추가 지원 요청을 고려할 준비가 되었다. 우리의 종합적 접근법의 일례로, 우리는 나토와 아프리카연합과의 직접적 협력을 환영한다. 이는 최근 종결된 나토의 아프리카연합의 수단 미션에 대한 지원과 지속적인 아프리카 연합군(African Standby Force)에 대한 지원으로 볼 수 있다. 나토는 유럽연합의 EUFOR 차드/중앙아프리카공화국 작전과 이 지역의 안정 및 안보를 위한 EU의 기여를 환영한다.

17. 우리는 이라크 정부 및 국민들을 지원하고 이라크 안보군(Iraqi Security Forces) 개발 지원에 대한 동맹의 헌신을 다시 강조한다. 우리는 2009년까지 나토 훈련 미션-이라크(NTM-I)를 연장해달라는 알 말리키(Al-Maliki) 수상의 요청에 긍정적으로 응답했다. 우리는 또한 NTM-I 미션을 해군 및 공군 리더십 훈련, 경찰 훈련, 국경 안보, 테러리즘 격파, 방어 개혁, 방어 기관 건설, 소형 무기 관리 같은 영역까지 확장해달라는 요청을 긍정적으로 검토하고 있다. NTM-I는 이라크 안보군을 훈련 및 무장시키기 위한 국제적 노력에서 중요한 역할을 계속하고 있으며, 오늘날까지 10,000명이 넘는 이라크 안보군 군인들을 훈련시켰다. 이러한 노력을 보완하며 나토는 나토와 이라크의 장기적 관계 개발을 위한 구조화된 협력 프레임워크에 대한 제안서를 승인했으며, 공통된 문제와 위협을 시정하기 위한 이라크의 역량 개발을 지속하고 있다.

18. 나토의 지속적인 확장 과정은 안정과 협력을 발전시키고, 완전하고 자유로우며, 평화, 민주주의, 그리고 공통된 가치로 단합된 유럽이라는 우리의 공통 목표를 더 가까이 가져오는 데 있어서 역사적 성공을 거뒀다. 나토의 문은 워싱

턴조약 제10조에 의거한 회원국의 책임과 의무를 다할 의지와 능력이 있는 유럽 민주주의 국가들에게 계속해서 열려 있을 것이다. 우리는 나토 확장에 대한 결정은 나토의 자체 결정으로 남아있어야 한다는 점을 강조한다.

19. 나토가입을 위한 대화를 시작하기 위한 우리의 알바니아와 크로아티아 초대는 서부 발칸지역에 새로운 장을 열고, 안정된 지역이 유럽-대서양 기관에 완전히 통합되며 국제 안보에 커다란 기여를 할 수 있는 미래를 향한 길을 보여준다.

20. 우리는 전(前) 마케도니아 유고슬라비아 공화국이 보여준 나토의 가치와 동맹 작전과 관련한 힘든 노력과 헌신을 인지하고 있다. 우리는 이들이 다민족 사회를 구성하기 위해 기울인 노력을 높이 평가한다. 유엔 내에서 많은 행위자들이 국호 문제를 해결하기 위해 노력했으나, 나토 동맹은 이러한 논의들이 성공적인 결과를 만들어내지 못한 것을 안타깝게 생각한다. 따라서 우리는 국호 분쟁에 대해 상호 수용가능한 해결책이 도출되는 대로 즉시 전 마케도니아 유고슬라비아 공화국에게 초청장을 보내기로 의견을 모았다. 우리는 협상이 지체 없이 재시작되고, 최대한 빠른 시일 내에 결론에 이르기를 바란다.

21. 알바니아와 크로아티아의 동맹 가입은 오늘날과 내일의 도전과제들에 대처하는 동맹의 능력을 향상시킬 것이다. 이 국가들은 워싱턴조약에 제시된 기본적 원칙들에 대한 탄탄한 헌신, 그리고 동맹의 집단적 방어 및 완전한 미션 수행에 기여함을 통해 자유와 공유된 가치를 보호할 그들의 능력과 준비성을 입증하였다.

22. 우리는 2008년 7월 말까지 가입 의정서 서명과 지체 없이 비준 과정을 완료하는 것을 목표로 대화를 즉시 시작했다. 가입 준비 기간 동안 나토는 동맹 활동에 초대된 국가들을 최대한 가능한 만큼 관여 시킬 것이며, '멤버십 행동 계획(MAP)' 등을 통하여 지원과 지지를 계속해서 제공할 것이다. 우리는 초대된 국가들의 개혁 타임테이블을 받아보게 되는 일을 고대하며, 그에 따라 그들의 동맹에 대한 기여를 향상시키기 위한 가입 이전과 이후에 더 많은 진척이 예상된다.

23. 나토는 우크라이나와 조지아의 나토 가입을 위한 유럽-대서양 관계에 대한 열망을 환영한다. 우리는 이들 국가들이 나토 회원국이 될 것이라는 사실에 동

의했다. 양국은 동맹 운영에 귀중한 기여를 했다. 우리는 우크라이나와 조지아의 민주주의 개혁을 환영하며, 5월 조지아에서 열릴 자유롭고 공정한 의회 선거를 기대한다. 오늘 우리는 이들 국가들의 멤버십 행동 계획 신청을 지지함을 명확히 밝힌다. 따라서 우리는 양국 고위급 정치인들과 함께 이들의 멤버십 행동 계획 신청과 관련하여 아직 남아있는 질문들을 해결하기 위해 강도높은 대화를 시작하게 될 것이다. 우리는 외무장관들에게 그들의 2008년 12월 회의에서의 진행에 대한 1차 평가를 내려 달라고 부탁했다. 외무장관들은 우크라이나와 조지아의 멤버십 행동 계획 신청에 대한 결정 권한을 가지고 있다.

24. 우리는 유럽-대서양 통합에서, 민주주의 가치와 지역 협력에 기반하여, 지속적인 평화와 안정에 필수적인 것으로 남아있는 전략적으로 중요한 발칸지역에 헌신적으로 남아있다. 우리는 보스니아-헤르체고비나, 몬테네그로와 세르비아와 우리의 협력 발전과 관련하여 리가 정상회담 이후 이룬 진척을 환영한다. 우리는 이 세 국가들이 유럽-대서양 파트너십이 제공하는 대화, 개혁, 협력의 기회들을 최대한 활용하기를 장려하며, 우리는 상설 이사회에 이 각각의 파트너들과의 관계 발전을 계속해서 눈여겨보도록 지시했다.

25. 우리는 나토와 개별 파트너십 액션 플랜(IPAP)을 발전시키기로 한 보스니아-헤르체고비나와 몬테네그로의 결정을 환영한다. 우리는 이 국가들의 유럽-대서양 열망을 더욱 실현시킬 야심차고 실질적인 액션플랜들을 기대하며, 우리는 이 목표를 위한 각각의 개혁을 지원할 것임을 맹세한다. 이러한 개혁 노력들을 북돋고 방향을 제시하기 위해, 우리는 보스니아-헤르체고비나와 몬테네그로를 초대하여, 동맹의 최종 결정에 편견을 주지 않고, 그들의 회원 가입과 관련한 정치적, 군사적, 재정적, 안보적 사안들 전체에 대한 강도높은 대화(Intensified Dialogue)를 시작하기로 결정했다.

26. 우리는 유럽-대서양 커뮤니티에 세르비아가 합류하는 것을 목표로, 세르비아의 평화를 위한 파트너십(Partnership for Peace) 회원자격을 완전히 활용하며, 세르비아와 야심차고 실질적인 관계를 더욱 발전시킬 준비를 하고 서 있다. 우리는 특히 IPAP 발전을 통해 세르비아와의 협력 관계를 심화시킬 의지를 다시 천명하며, 우리는 세르비아의 요청에 따라 강도높은 대화(Intensified Dialogue)를 고려할 것이다.

27. 우리는 세르비아와 보스니아-헤르체고비나가 전 유고슬라비아의 국제형사재판소와 완전한 협력을 기대하며, 이와 관련한 이들의 노력을 주의 깊게 살펴볼 것이다.
28. 우리는 나토-러시아 파트너십이 민주주의, 시민 자유, 정치적 다원주의를 포함한 핵심적 원칙, 가치와 약속을 기반으로, 유럽-대서양 지역의 안보를 발전시키는 데 있어서 전략적 요소로 탄생했다는 점을 기억한다. 10년이 넘는 지난 시간을 되돌아보면, 우리는 공통의 목표와 이해관계가 있는 광범위한 국제 안보 문제들과 관련하여 정치적 대화는 물론 구체적인 프로젝트들도 발전시켰다. 우리는 최근 CFE 조약 등 상호 관심사에 대한 러시아의 성명 및 행위로 우려하고 있지만, 로마 선언(Rome Declaration) 및 기본 협정(Founding Act)이 반영한 대로 공통된 관심사의 여역에서 동등한 파트너로서 러시아와 계속해서 일할 준비가 되어 있다. 우리는 테러리즘에 대항한 싸움과 대량살상무기 및 그 전달 수단 비확산과 관련된 영역에서 공동의 노력을 지속해야 한다. 우리는 중요한 협력적 제의들에 적극적으로 참여해줄 것을 촉구한다. 우리는 무엇보다 미사일 방어와 CFE에 대한 미국-러시아 양자 간의 논의가 이 분야에 중요한 기여를 할 거라고 믿는다. 우리는 나토-러시아 의회의 잠재력이 완전히 실현되지 않았다고 믿으며, 나토와 러시아의 의사결정 및 행위의 독립성 원칙을 상기하면서, 27일 공동 행위를 위한 기회가 있음을 알고 있고, 이를 추구하고 있다. 우리는 러시아에게 나토의 문호 개방 정책(Open Door policy)과 현재와 미래의 나토 미사일 방어 노력은 우리 모두가 마주하는 안보 문제를 더 잘 해결하기 위한 것이라는 점을 다시 강조하며, 이것들은 우리의 관계에 위협을 주는 것이 아니라 더 심도 있는 협력과 안정을 위한 기회를 제공한다는 점을 다시 말한다.
29. 우리는 러시아가 군 평화상태를 위한 파트너십 협약(Partnership for Peace Status of Forces Agreement)을 비준했음을 알고 있으며, 이것이 더 많은 실질적 협력으로 이어지길 바란다. 우리는 러시아 영토를 통과해가도록 도움을 주어 아프가니스탄에서 이루어지는 나토의 ISAF 미션을 지원하고자 하는 러시아의 준비성을 감사하게 생각한다. 우리는 아프가니스탄 정부가 지원하고 동의한 더 심화된 나토-러시아 협력을 환영할 것이며, 아프가니스탄 및 중앙아시아 마약단속

원 훈련을 통해 이미 달성된 단단한 성취를 이어 나가게 되기를 기대한다. 협력 항공우주 이니셔티브(Cooperative Airspace Initiative)를 통한 우리의 지속적인 협력과 지중해 지역에서 실행된 액티브 엔데버 작전(Operation Active Endeavor)에 대한 러시아의 지원은 우리 공동의 테러리즘과의 전쟁에 기여한다. 우리는 또한 군 시설 상호이용(interoperability), 전구미사일 방어, 해양 수색 및 구조, 민간 긴급 계획에 대한 우리의 협력을 환영한다.

30. 우리는 파트너십, 대화, 협력을 통한 나토의 원조 정책이 동맹의 목적과 임무에 있어서 필수적인 부분이라는 점을 다시 강조한다. 전 세계를 가로지르는 나토 동맹의 파트너십들은 지속적인 가치를 갖고 있으며, 유럽-대서양 지역 및 기타 지역에서의 안정과 안보에 기여한다. 이를 기억하며, 우리는 나토의 파트너십과 협력 정책 강화에 있어서 지난 리가 정상회담 이후 이루어졌던 발전상황을 기쁘게 생각하며, 이 방면에서 더욱 많은 노력을 기울이겠다는 우리의 약속을 재확인한다.

31. 우리는 우리의 파트너들이 나토의 미션과 작전에 기여하는 바를 높게 평가한다. 나토 동맹에 속하지 않은 17개국이 우리의 작전과 미션에 군사를 지원하고 있으며, 그 외 많은 나라들도 다른 형태의 지원을 제공하고 있다. 우리는 우리의 군과 파트너 국가들의 군 간의 시설 상호이용(interoperability)를 더욱 촉진시키고; 나토가 이끄는 작전에 기여하는 국가들과의 정보 공유 및 자문을 더욱 향상시키고; 파트너 국가들에게 나토의 개혁의 방어 및 안보 관련 조언과 지원을 제공하기 위해 지속적으로 노력할 것이다.

32. 우리는 부쿠레슈티 정상회담의 유럽-대서양 파트너들을 환영하며, 유럽-대서양 파트너십 위원회(Euro-Atlantic Partnership Council, EAPC)과 평화를 위한 파트너십(Partnership for Peace, PfP) 프로그램의 지속적인 가치를 다시 강조한다. 우리는 이러한 프레임워크 내에서 이루어지는 실질적인 정치적 논의와 효과적인 협력에 계속해서 헌신하고 있다. 우리는 몰타의 PfP 복귀를 환영하며, EAPC에의 활발한 참여를 기대한다. 우리는 EAPC 안보 포럼을 통한 정치적 대화를 강화하기를 바란다. 우리는 방어 기관들의 인테그리티(integrity) 형성과 유엔안전보장이사회 결의안1325에 명시된 대로 갈등 해결에 있어서 여성의 역할의 중요성을 포함하여, 새로운 몇 가지 실질적 이니셔티브들에 우선순위를 부여

할 것이다. 우리는 나토 및 파트너 국가들의 재난 구호 도움을 조직하는 데 있어서 유럽-대서양 재난대응협력센터(Euro-Atlantic Disaster Response Coordination Centre)의 지난 10년 간의 성공을 높이 평가한다. 우리는 나토/PfP 신탁기금을 계속해서 적극적으로 사용할 것이며, 이 기금에 대한 다른 파트너 국가들의 참여도 적극 환영한다. 우리는 독자적 파트너십 액션 플랜(Individual Partnership Action Plan)을 포함하여, 안보 및 광범위한 개혁을 지지하기 위한 프로그램에 대한 유럽-대서양 지역의 모든 관심있는 파트너들의 참여를 환영하며 계속해서 지원할 것이다. 이스탄불 정상회담에서 내린 우리의 결정을 상기하며, 우리는 코카서스 및 중앙 아시아라는 전략적으로 중요한 지역에 있는 우리의 파트너들과 연락 강화 등을 통하여 이들과 관계를 이어 나가고자 하며, 아프가니스탄에 있는 우리의 중앙 아시아 파트너들과 대화를 지속할 것이다. 우리는 동맹 작전에 대한 EAPC 파트너들의 커다란 기여를 감사하게 생각하며, 21세기의 안보 문제들을 해결하기 위한 이들과의 협력을 고대한다.

33. 우리는 이스탄불 정상회담 및 리가 정상회담 이후 지중해 대화(Mediterranean Dialogue)의 프레임워크 내에서 이룬 상당한 성취를 기쁘게 생각한다. 지중해 대화 파트너들과의 정치적 논의는 빈도와 내용 면에서 발전했으며, 우리의 외무장관들과 7개 지중해 대화 파트너들과 지난 12월에 이루어진 회의는 우리의 파트너십을 강화하는 데 기여했다. 우리는 따라서 자유 의사에 따라, 이 지역과 우리의 관계 강화를 통한 이 원동력을 이어나갈 계획이다. 우리의 실질적 협력은 여러 분야에서 성장했으며, 훈련 및 교육 분야에서 특히 새로운 기회들이 형성되었다. 우리는 두 개의 파일럿 교육과정이 성공적으로 진행된 나토 군사학교(나토 Defence College)의 나토 지역 협력 코스를 발족시키는 것을 목표로, 그리고 공동 소유권의 정신으로, 나토 훈련 협력 이니셔티브(Training Cooperation Initiative) 활동 실천에서 이루어진 진척상황을 환영한다. 우리는 지중해 대화 파트너들이 이 이니셔티브를 더욱 발전시키기 위해 우리와 협력할 것을 장려한다. 이집트 및 이스라엘과의 독자적 협력 프로그램(Individual Cooperation Programmes, ICP) 체결은 이 국가들에서 장기적이고, 체계적이며 효과적인 협력을 형성하는 데 도움이 될 것이다. 우리는 가까운 미래에 다른 지중해 대화 파트너들이 자신들의 ICP를 개발할 것을 장려한다. 우리는 요르단의 불발병

기 및 탄약 제거를 돕기 위한 최초의 지중해 대화 신탁기금 프로젝트 실행과, 모리타니의 탄약 제거를 돕기 위한 신탁기금 프로젝트에 대한 타당성 조사 시작을 환영한다. 우리는 우리의 작전 및 미션에 지중해 대화 파트너들이 제공한 다양한 도움에 감사의 말을 전한다.

34. 우리는 이스탄불 협력 이니셔티브(Istanbul Cooperation Initiative, ICI)를 통한 우리의 도움 제의에 대한 걸프지역에 있는 네 개 국가들의 응답을 환영하며, 이 지역의 다른 국가들도 그 제의를 받아들일 것을 장려한다. 이를 위해 우리는 이 지역과 자유의사에 따라, 연락 관계를 발전시킬 계획이다. 우리는 나토 훈련 및 교육 활동에 대한 이들의 관심 및 참여 증가를 보게 되어 기쁘며, 이 방면 및 다른 분야에서 우리의 협력을 증가시킬 준비를 하고 있다. 우리는 두 개의 파일럿 교육과정이 성공적으로 진행된 나토 군사학교(NATO Defence College)의 나토 지역 협력 코스를 발족시키는 것을 목표로, 그리고 공동 소유권의 정신으로, 나토 훈련 협력 이니셔티브(Training Cooperation Initiative) 활동 실천에서 이루어진 진척상황을 환영한다. 우리는 ICI 파트너들이 이 이니셔티브를 더욱 발전시키기 위해 우리와 협력할 것을 장려한다. 우리는 ICI 파트너들이 우리의 협력을 더욱 체계화하는 것을 목표로 ICP를 개발할 것을 장려한다. 우리는 우리 동맹의 작전 및 미션에 ICI 파트너들이 제공하는 지원을 매우 감사히 생각한다.

35. 우리 동맹은 전 세계에 있는 다른 파트너들과의 다양하고 확장되고 있는 관계들에 높은 가치를 매기고 있다. 이 관계들에서 우리의 목표로는 작전과 안보 협력 지원, 그리고 공유된 안보 이해관계와 민주주의 가치 발전을 위한 공통된 이해(understanding) 향상을 포함한다. 우리는 파트너 국가들 몇몇과 정치적 대화 형성과 개별 맞춤형 협력 패키지(Tailored Cooperation Package) 개발에 상당한 진전을 이루었다. 우리는 특히 호주, 일본, 뉴질랜드, 싱가포르의 아프가니스탄에서의 나토가 이끄는 노력에 준 커다란 도움을 환영한다. 이 각각의 국가들이 나토와의 관계를 형성하고 싶다는 바람과, 기타 국가들도 나토와의 대화와 협력을 추구하고 싶다는 바람을 인지하여, 우리는 북대서양이사회의 승인에 따라, 상호 이해관계를 존중하는 속도로, 기존의 관계, 그리고 새로운 관계에 대한 개방성을 더욱 발전시키고자 하는 우리의 의지를 다시 밝힌다.

36. 우리는 유럽-대서양 안보에 흑해 지역의 지속적인 중요성을 다시 확인한다. 이와 관련하여, 우리는 기존의 이니셔티브와 메커니즘의 효과적인 활용을 통하여 지역적 소유권(regional ownership)의 강화에서 이룬 발전을 환영한다. 우리 동맹은 투명성, 보완성 및 포용성을 기반으로, 흑해 국가들과 동맹 간의 대화와 협력을 발전시키기 위하여 지역적 우선순위에 따라서 이러한 노력들을 적절한 대로 계속해서 지원할 것이다.

37. 탄도 미사일 확산은 동맹의 군, 영토, 국민들에 점점 커져가는 위협이 된다. 미사일 방어는 이 위협에 대항하기 위한 더 광범위한 반응의 일부이다. 따라서 우리는 유럽 기반 미국 미사일 방어 자산 배치 계획으로 제공되는 장거리 탄도 미사일로부터 오는 보호에 대한 상당한 기여를 인정한다. 우리는 이러한 역량을 모든 나토 미사일 방어 설계에 필수적인 부분이 될 수 있도록, 현 나토 미사일 방어와 연결시킬 방법을 탐구 중이다. 동맹 안보의 불가분성 원칙과 나토의 단결성의 원칙을 염두에 두고, 우리는 상설 이사회에, 미국 시스템으로 커버되지 않는 모든 동맹 영토 및 국민들까지 커버하기 위한 종합적 미사일 방어 설계를 위한 선택지들을, 향후 미래의 정치적 결정들에 고려될 수 있도록, 2009년 정상회담 때 살펴볼 수 있게 개발할 것을 촉구한다.

38. 우리는 또한 나토-러시아 미사일 방어 협력을 강화하기 위해 이미 진행 중인 작업을 높이 평가한다. 우리는 모든 우려사항을 완화하기 위해 최대한의 투명성과 상호 신뢰 구축 조치들에 헌신하고 있다. 우리는 미국의 미사일 방어 협력 제안서를 활용하도록 러시아 연방에 촉구하며, 우리는 적절한 시기에 미국, 나토, 러시아 미사일 방어 시스템을 연결시키는 것의 잠재성을 평가할 준비가 되어 있다.

39. 우리는 군비 통제, 무장 해제, 그리고 비확산이 평화, 안보, 안정에, 그리고 이와 관련하여 대량살상무기 및 그 전달 수단 확산 및 사용을 방지하는 데에, 계속해서 중요한 역할을 할 것이라는 점을 재확인한다. 우리는 이 분야에서 나토의 명성 제고에 대한 보고서를 읽었다. 안보 문제에 대한 더 넓은 대응의 일환으로, 나토는 무기 통제, 무장해제 및 비확산 영역에서 국제적인 노력을 계속해야 하며, 우리는 상설 이사회에 이러한 사안들을 적극적으로 계속해서 검토할 것을 촉구한다.

40. 동맹은 재래식 전력을 냉전 수준에서 크게 감소시켰으며, 나토에 할당된 핵무기들을 90% 넘게 감축했다. 동맹 국가들은 자신들의 핵무기들도 감축했다. 프랑스는 핵 시스템의 종류를 2개로, 핵 전달 수단의 수를 절반 넘게 줄였으며, 작전용비축량 외의 무기는 남기지 않고 핵 탄두의 수를 300 미만으로 줄일 것이라고 발표했다. 영국은 핵 시스템을 1개로, 핵 비축량의 폭력을 75% 줄였으며, 작전에 사용가능한 핵 탄두 수를 160개 미만으로 줄였다. 미국은 핵무기 비축량을 냉전의 절정 시기 규모의 25% 미만으로 줄였으며, 나토에 할당된 전략적 핵무기를 90% 가까이 감소시켰다.

41. 우리는 이란의 핵 및 탄도 미사일 프로그램의 확산 위험에 대해 깊이 우려하고 있다. 우리는 이란에게 유엔안전보장이사회 결의안 1696, 1737, 1803을 완전 준수할 것을 촉구한다. 우리는 북한의 확산 활동에 대해서도 깊이 우려하고 있으며, 유엔안전보장이사회 결의안 1718을 완전 준수할 것을 촉구한다. 동맹국들은 핵무기비확산조약 등의 기존의 다자간 비확산 협정을 지지함을 다시 확인하며, 핵무기비확산조약에 대한 보편적인 준수와, 국제원자력기구(IAEA) 안전협약에 대한 추가 프로토콜에 대한 보편적 준수, 그리고 유엔안전보장이사회 결의안 1540에 대한 완전한 준수를 촉구한다. 동맹국들은 동맹국들이 지원을 재천명하고 구속되어 있는 비확산 협약과 관련 유엔안전보장이사회 결의안들을 완전히 실행하기 위한 노력을 다시금 강화할 것에 동의한다.

42. 우리는 2008년 3월 28일 북대서양 이사회가 낸 성명을 완전히 지지하며, 2006년 리가 정상회담 선언 문단 42, 비엔나 CFE 특별 회의에서 동맹국들이 한 최종 발언, 그리고 그 후 발전을 보여주는 동맹국들의 성명에서 표현되어 있듯이, CFE 조약 체제에 대한 전념을 재확인한다. 우리는 CFE 조약 체제의 모든 요소들에 최고의 가치를 부여하며, 유럽-대서양 안보의 주춧돌로서, 부속 조약을 포함하여 CFE 조약의 전략적 중요성을 강조한다. 우리는 CFE 조약에 대한 러시아 연방의 법적 의무를 일방적으로 "중단"한 것에 대해 깊이 우려하고 있다. 이 행위는 CFE 체제의 장기적 지속가능성 보존이라는 우리의 공동 목표에 기여하지 않으며, 우리는 러시아 연방에 조약 의무 실천 재개를 촉구한다. 러시아가 조약을 시행하지 않는 상태에서 나토의 CFE 동맹들이 조약을 시행하는 현 상황은 무한정 지속될 수 없다. 우리는 수정된 CFE 조약 비준에 대

해 나토 동맹들이 취할 단계와 조지아 및 몰도바공화국과 관련된 러시아 연방의 미해결 약속들에 대한 단계들을 포함하는 주요 사안들에 대한 평행 조치들과 관련된 건설적이고 전향적인 제안서들을 제안했다. 우리는 이러한 제안서들이 러시아가 표명한 우려사항 전부를 다루고 있다고 믿는다. 우리는 러시아 당국에게 우리가 함께 이 이정표적인 체제의 장점을 유지하도록 돕는 평행 조치 패키지를 기반으로 합의에 도달할 수 있도록 우리 및 기타 관련 CFE 국가들과 협력적으로 일해달라고 요청한다.

43. 우리는 남부 코카서스 지방과 몰도바공화국에서 일어나는 지역 갈등이 지속되는 상황에 대해 우려하고 있다. 우리 국가들은 아르메니아, 아제르바이잔, 조지아, 몰도바공화국의 영토, 독립성, 자주성을 지지한다. 우리는 이러한 원칙들을 유념하면서 이 지역에서 일어나는 갈등의 평화로운 해결을 향한 노력들을 계속해서 지원할 것이다.

44. 우리는 우리의 정치적 목표, 특히 종합적 정치 지침(Comprehensive Political Guidance)에 나열된 우선순위와, 우리의 운영 경험과 상통하는 우리의 군 및 역량들을 변혁시키기 위해 많은 일들을 했다. 우리는 동맹이 운영적 책무를 다하고 미션을 충실히 수행할 수 있는 능력을 보장하는 이 절차를 지속할 것이다. 우리의 작전은 현대적이고, 상호 이용이 가능하고, 유연하고 지속가능한 군사력을 개발하고 파견할 필요를 강조한다. 이러한 군사력은 반드시, 이사회의 결정에 따라, host 국가의 지원이 전혀 또는 거의 없이, 동맹국의 영토와 그 너머에서, 그 외곽 지역에서, 그리고 전략적 거리에서 집단적 방어 및 위기 대응 작전을 수행할 수 있어야 한다. 우리는 21세기에 변화하는 안보 문제들을 해결할 적절한 역량을 갖추어야 하며, 이를 위해서 우리는 필요한 대로 변혁, 적응, 개혁해야 한다.

45. 변혁은 지속적인 과정이며 꾸준하고 적극적인 관심을 요구한다. 우리는 따라서 나토가 계속해서 효과성과 효율성을 유지하도록, 특히 다음 분야에 대한 지속적인 노력을 통하여, 방어와 관련된 변혁의 측면들의 관리를 관장하는 국방부장관들의 노력을 지지한다:

- 우리는 반드시 우리의 작전 및 기타 약속에 필요한 군사를 제공해야 한다. 이를 위해 우리는 더 많은 병력을 배치 및 유지할 수 있도록 하기 위한 노

력을 지속할 것이다. 우리는 필요한 병력을 제공하여 나토의 대응군(Response Force)를 지원할 것이며, 우리의 작전을 위한 작전상 및 전략적 예비력의 준비성을 향상시킬 것이다. 우리는 공공외교 향상 등을 통하여 우리의 운영에 대한 국내 지원을 끌어올리고자 한다.

- 우리는 우리 미션들을 완전히 수행하고, 구체적 단점들을 보완하기 위해 필요한 역량들을 더욱 개발할 것이다. 우리는 특히 전략수송과 지역내 (intra-theatre) 항공수송 향상, 특히 미션 수행이 가능한 헬리콥터 향상에 힘쓸 것이며, 이 작업을 지원하거나 다국적 운송과 관련된 국가 이니셔티브들을 환영한다. 우리는 통합 공군 사령 및 통제 시스템; 해상 상황 인식 향상; 시의적절한 나토 지상 감시 역량 파견 등을 포함한 연결된 역량을 통해 정보의 우위를 더욱 강화할 것이다. 우리는 우리의 특수 작전 부대의 역량 및 상호이용성(interoperability)을 계속해서 제고할 것이다. 방어 계획 프로세스의 지원을 받아, 우리는 실천적인 최대한의 상호이용성과 표준화와 함께, 적절한 역량 및 군을 개발 및 파견하기 위한 우리의 노력을 강화할 것이다. 이는 대서양 연안의 방위산업 협력을 더욱 향상시킬 것이다.
- 우리는 새로 등장하는 문제와 위협에 대처하기 위한 정책들과 역량을 발전시키는 데 충실하고 있다. 여기에는 대량살상무기 확산 방지와 화학, 생물학, 방사능, 핵 위협에 대항하기 위한 종합적인 정책 개발이 포함된다.
- 우리는 동맹의 구조와 프로세스의 변화 및 개혁을 추구하고 있다. 이 맥락에서 우리는 나토 사령 구조를 더욱 날렵하고, 더욱 효과적이고 효율적으로 만들기 위한 평화 시 체제에 대한 검토와, 종합적 정치 지침이 필요로 하는 역량들을 시의적절하게 파견하기 위한 방어 계획 프로세스 개혁을 진행하고 있다.

46. 변혁은 충분하고 적절한 우선순위가 부여된 자원 없이는 불가능하다. 우리는 계속해서 우리가 동맹에 요구하는 과제들을 수행하기 위해 동맹이 필요로 하는 자원들을 독자적 및 집단적으로 제공할 것이다. 따라서 우리는 국방비를 감소시키고 있는 국가들에게 감소를 중단하고 실질적인 국방비 상승을 목표로 해달라고 부탁한다.

47. 나토는 사이버 공격에 대한 동맹의 정보 시스템을 강화하겠다는 의지를 유지

하고 있다. 우리는 최근 사이버 방어 정책(Policy on Cyber Defence)을 도입했으며, 이를 수행하기 위한 구조와 체제를 개발하고 있다. 우리의 사이버 방어 정책은 나토와 국가들에게 각각의 책임에 해당하는 주요 정보 시스템을 보호하고, 베스트 프랙티스를 공유하고, 요청 시 사이버 공격에 반격할 수 있도록 동맹국을 지원할 수 있는 역량을 제공할 필요를 강조하고 있다. 우리는 나토의 사이버 방어 능력 개발 지속과 나토와 국가 당국들 간의 연결고리 강화를 고대하고 있다.

48. 우리는 리가 정상회담에서 지시된 대로 준비된 "에너지 안보에서 나토의 역할" 보고서를 확인했다. 동맹국들은 이 분야와 관련한 나토의 접근법을 결정할 원칙들을 확인했으며, 향후 활동들을 위한 선택지 및 권고사항들을 제시했다. 이 원칙들을 근거로 나토는 다음 분야에서 활동할 것이다: 정보와 첩보 융합 및 공유; 안정 확산; 국제적, 지역적 협력 확장; 사후 관리 지원; 중요 에너지 인프라 보호 지원. 동맹은 에너지 안보 분야에서 가장 즉각적인 위험들에 대한 회담을 이어 나갈 것이다. 우리는 나토의 활동들이 가치를 더하며, 에너지 안보를 전문으로 하는 몇 가지 기관들을 가지고 있는 국제사회 내 안에서 활동하며, 국제사회와 완전히 발을 맞추도록 보장할 것이다. 우리는 상설 이사회에 2009년 정상회담 시에 검토할 수 있도록 에너지 안보 분야에서 달성한 성과에 대한 통합 보고서를 마련해달라고 부탁했다.

49. 지난 20년 간 안보 환경이 변화했고, 우리의 미션과 작전의 범위와 회원국들이 확대되면서 우리 동맹에 대한 요구사항들이 더욱 복잡해졌다. 이는 나토 본부의 구조와 프로세스에 대한 지속적인 적응 및 개혁을 요구한다. 우리는 나토의 전반적 변혁의 일환으로서 이 분야에서 이루어진 발전사항들을 확인했다. 하지만 새로운 본부 건물로의 이전에서 최대한 많은 혜택을 끌어내는 것을 포함하여 아직 해야 할 일들이 남아있다. 우리가 변화해야 할 곳이 어디인지 평가하기 위해서, 우리는 작전 수행, 역량 개발, 파트너십 및 전략적 소통 등 우리의 핵심 기능들을 달성하는 데서 얻은, 경험에서 얻어낸 교훈들을 잘 활용해야 한다. 변혁의 방위 관련 측면을 발전시키기 위한 국방부장관들의 작업을 기반으로, 동맹국들은 우리의 합의적 의사결정을 돕고, 나토 사령관들의 필요를 포함한 시간에 민감한 작전상 필요에 대한 우리의 대응을 향상시키기

위하여, 가장 빠르고 가장 일관된 견고한 정치적, 군사적, 자원적 권고 제시 흐름을 달성할 방법을 고려할 필요가 있을 것이다. 우리는 이러한 목표들을 달성할 방법에 대해 2009년 정상회담까지 앞으로 나아갈 길을 계획해달라고 요청했다.

50. 우리는 루마니아 정부가 우리에게 베푼 친절한 환대에 진심 어린 감사의 말을 전한다. 부쿠레슈티는 나토 역사상 최대 규모의 회담이 열린 장소가 되었으며, 국제 사회와 긴밀히 협력하겠다는 나토의 결의와, 빠르게 변화하는 전략 환경에서 안보와 안정을 촉진하는데 나토의 유일무이한 기여를 보여주었다. 우리 회의에서 우리는 나토의 미션과 작전, 구조와 역량 현대화, 다른 나라 및 기관들과의 긴밀한 협력, 추가 회원국 가입에 대한 개방성을 통한, 이러한 환경에 대한 나토의 지속적인 적응을 위한 결정을 내렸고 방향을 정했다. 우리는 우리의 안보에 핵심적인 국가들 및 기관들과의 대화 및 협력을 강화해왔다. 우리는 내년에 스트라스부르와 켈에서 나토의 60주년을 기념하고, 적응 과정을 검토하고, 21세기의 안보 문제를 해결하기 위한 동맹의 현대화를 위한 이후 방향을 제시하기 위해 다시 만날 것이다.

부록 2

나토 확장과 관련된 베이커-고르바초프
1인치 회담 전문[02]

1990년 2월 9일

미하일 고르바초프와 제임스 베이커의 대화 기록, 1990년 2월 9일

<u>고르바초프</u>: 본격적으로 대화를 시작하기 전에 1990년에 열린 전(全) 유럽 회의에 대해 나눈 이야기에 대해 덧붙이고 싶습니다. 여러가지 신호로 볼 때, 유럽의 상황은 우리의 통제를 벗어나고 있습니다. 그렇기 때문에 바로 이 최정상 회의가 그 과정을 이행하는 데 도움이 될 겁니다. 이러한 발전들이 민주주의적 진화 형태를 띤다면, 서구와 동구에 이로운 결과를 가져올 수 있을겁니다. 이런 생각을 해봤습니다. 세계가 변할

---

[02] 1990년은 독일 통일 및 소련의 개방, 개혁 정책과 맞물려 해체되기까지의 일련의 세계적 변혁의 시기였다. 서방정책을 추구하던 고르바초프가 미국의 국무장관과 제임스 베이커 및 독일 총리 헬무트 콜과 만났던 이 회담은 역사적 장면 중 하나인데, 특히 1인치 회담이라 부를 수 있는 이 회담에서 베이커가 '나토를 1인치도 동진시키지 않겠다'고 말하고 이에 고르바초프 소련 서기장은 독일의 통일을 승인하고 동독의 소련군 철수를 약속하게 된다. 매우 중요한 회담이고, 미국의 군사기밀해제로 인해 공개된 자료이므로 전문을 부록으로 싣는다. 원문은 미국 국가안보기록보관소(NSA) 홈페이지(www.nsarchive.gwu.edu)에 있으며, 본서의 관련내용은 32쪽에 있다.

것이며, 극적이고도 여러 분야에서 변할 거라는 우리의 예측은 옳은 것으로 판명났습니다. 그리고 그와 동시에 세계에서 가장 강력하고 영향력 있는 국가 둘이 우호적 관계에 있다는 것은 매우 좋은 우연입니다. 이는 현재와 미래를 위해 중요한 사안입니다. 우리는 아직도 좋은 합의를 이룰 수 있습니다. 시간이 지나면 더 어려워질 겁니다. 저는 우리 나라들이 협력할 수밖에 없는 운명에 처했다고 말한 적이 있습니다. 우리는 이 협력을 안정적인 것으로 만들어야 합니다. 우리들 사이에 극복할 수 없는 갈등은 없습니다. 우리는 반드시 남아있는 갈등을 협력의 틀 안으로 가져오기 위해 노력해야 합니다. 이제 총회와 우리 나라의 상황에 대해 몇 마디 드리고 싶습니다.

베이커: 네, 매우 흥미로울 것 같습니다.

고르바초프: 그리고 독일 문제와 아프가니스탄에 대한 견해도 교환할 겁니다. 이 외에도 논의하고 싶으신 다른 주제가 있으시다면 환영합니다. 중앙 아메리카에 대해 논의할 수도 있겠군요. 총회는 저희에게 매우 중요했습니다. 우리는 페레스트로이카에서 여러가지 질문들에 답해야 될 단계에 도착했습니다. 사회에서 입장들이 명료화되기 시작하고, 움직임들이 눈에 보이기 시작하고, 대규모의 재조정이 진행되고 있습니다. 이 모든 것을 이해하기는 쉽지 않습니다…. 오른쪽, 왼쪽에서, 서로 다른 목표들로 인해 중앙에 압력이 가해집니다. 우리는 경제 개혁을 가속화하는 것이 필요하다는 결론에 도달했습니다. 우리 앞에 화폐 소득을 더 엄격히 규제하도록 하는 메커니즘을 만들어야 하는 문제가 다가왔습니다. 우리는 가격 형성 시스템에 대한 개혁을 피할 수 없다는 결론에 도달했습니다. 우리는 인기 없는 조치들을 취해야 할 겁니다. 그를 위해 우리는, 특히 최고위층에서, 우리의 권력을 재구조화해야 합니다. 결정을 실행하기 위한 더 강력한 메커니즘이 필요합니다. 이와 연결된, 대통령 권한을 가진 기관을 만들고 정부의 자원을 넓히는 문제가 떠오르게 되었습니다. 이는 상황을 통제하기 위해 필요합니다. 우리는 공화국들과 연방 간의 권력 분할과 관련된 법률을 재빨리 도입해야 합니다. 이 법률들은 연합의 권력과 권한을 확장시켜야 합니

다. 선거 과정과 정부 기관 형성은 3월 4일에 거의 완료될 겁니다. 이러한 새로운 정부 기관들이 제대로 기능하려면 법적 기반이 있어야 합니다. 공화국들과 중앙 간의 관계에 대한 시급한 문제는 우리의 연방을 위한 페레스트로이카와 관련된 것입니다. 우리의 연방을 개혁하는 문제에 대한 매우 다양한 접근법들이 존재합니다. 우리는 여기 뒤에 있고, 사건들이 우리의 결정을 앞서서 일어났다는 말을 해야겠습니다. 많은 일들이 이루어져야 합니다. 이 모든 질문들에 대한 해결법은 우리가 총회에서 도입한 플랫폼 안에 들어있습니다. 당과 당의 새로운 역할에 대한 질문과 관련하여 많은 논의들이 있습니다. 이 문제는 격한 감정을 불러일으켰는데, 이는 이해할 만한 일입니다. 이전의 당은 통치 구조의 뼈대였습니다. 기관들 뿐만이 아니라, 실제 살아있는 사람들이었습니다. 그게 바로 연방과 경제 기관에게 힘을 더 실어주는 쪽으로 권한을 재분배하고, 당을 정치 기관으로 되돌리는 과정이 그렇게 고통스러운 이유입니다. 당이 권력 독점을 거부하고, 당의 권력을 헌법으로 보장하는 대신 민주적 절차 내에서 권한을 얻을 거라는 선언을 모두가 쉽게 받아들인 것은 아닙니다. 하지만 대체적으로 우리는 그런 접근법을 받아들였습니다.

베이커: 헌법 제6조가 철폐됩니까?

고르바초프: 총회는 그럴 권한이 없습니다. 그러나 우리는 당이 해당 조항을 수정하기 위한 법률적 절차를 시작하도록 결정 내렸습니다. 생산과 소유권 문제와 관련된 개혁에 대한 논의도 매우 뜨거웠습니다. 이 문제들은 페레스트로이카의 진행에서 매우 중요한 연결고리들입니다. 논의의 결과로, 총회는 페레스트로이카의 이 부분에 대한 우리의 접근법을 확정하고 급진화했습니다. 당대회 날짜를 앞당기는 결의안도 통과되었습니다. 권력의 재조정 및 회복이 이루어지고 있고, 이는 페레스트로이카가 지속되고 발전되도록 도울 것입니다. 저는 당과 정부에서의 저의 직책이 어떻게 될지에 대해 질문받아 왔습니다. 저는 일반론적으로 이 두 직책을 분리하는 것에 찬성하지만, 당장은 아닙니다. 그 일을 지금 하면, 권력의 두 중심이 형성될 겁니다. 이는 페레스트로이

카를 강화시키는 것이 아니라 약화시킬 겁니다. 경기장 내에 새로운 정치 조직들이 등장하더라도, 소련 공산당은 중요한 영향력을 행사하는 기관으로 남을 겁니다. 현재로서는 이 두 직책을 하나로 유지할 근거가 있습니다. 가까운 미래에 대통령 권한을 형성하는 문제에 대한 새로운 작업이 시작될 겁니다. 이 일이 어떻게 될지 저는 모릅니다. 어쩌면 다시 격해질지도 모릅니다. 그러나 사회 분위기는 이러한 결정에 우호적입니다. 현재 우리는 우리의 여정에서 중요한 지점을 통과하고 있습니다. 경제 상황과 민족 관계와 관해서 말입니다. 이와 관련해서, 저는 우리 나라에서 일어나고 있는 일들과 관련한 미국 대통령 및 당신의 입장을, 페레스트로이카를 지지하는 당신의 입장을 감사하게 생각하고 있습니다. 저는 이걸 매우 중요하게 생각합니다.

베이커: 매우 밀도 있으면서 포괄적인 요약에 감사드립니다. 저는 이미 셰바르드나제 장관에게 페레스트로이카와 당신의 노력을 단단히 지지하고 있다고 말씀드렸습니다. 우리는 우리 정책들을 통해 당신을 돕고 싶습니다. 특히, 우리는 당신의 계획을 이행하기 위한 안정적인 국제 상황을 제공하기 위해 모든 것을 다하고자 합니다. 우리는 소련의 국내 정책이 소련-미국 관계의 생산적인 진척에 대한 증거와 군비 감축 및 제한과 관련한 우리 양측의 중요한 합의 달성으로 지속적인 도움을 받기를 희망합니다. 우리 행정부가 첫 4~5개월은 속도가 느렸다는 걸 당신도 아시겠지만, 지금은 준비가 되었을 뿐만 아니라 군비 감축 절차를 진행할 결의로 가득 차 있습니다. 우리가 모스크바에 가져온 제안서들이 이를 입증합니다. (셰바르드나제) 장관에게 세계가 깊고 빠르게 변하는 상황에서, 우리가 결단력있게 행동하지 않는다면, 우리의 노력들이 가치절하되고, 흐름에 뒤떨어지게 될 위험이 있다고 말했습니다.

고르바초프: 동의합니다.

베이커: 경제 문제에 대해 몇 마디 하고 싶습니다. 한가지 측면이 제 마음에 매우 걸리는데, 거의 1년 전에 소련 장관에게 이야기한 적도 있습니다. 경제체제는 계획경제 아니면 시장경제입니다. 효과적으로 기능할

제 3의 시스템은 없습니다. 이와 관련해서, 소련이 새로운 가격 형성 시스템을 만들기로 결정했다는 점은 매우 중요합니다. 이 소식을 듣게 되어 기쁩니다. 그러나 이 시스템을 완성하는 것은 쉽지 않을 겁니다. 새로운 시스템이 시행되기 전에 취해야 할 몇 가지 단계들이 있습니다. 제 머릿속에는 최소한 두 가지 단계가 떠오릅니다. 첫 번째는 잉여 화폐 공급 청산입니다. 이는 여러 방법으로 할 수 있습니다. 제가 알고 있기론 개인들에게 아파트 판매 같이 몇 가지 조치들을 이미 취하고 계신 걸로 압니다. 제가 알기론, 금으로 보증되는 채권의 평가절하 같은 조치들을 실행하고 있는 걸로 압니다. 제 생각엔 이 모든 조치들을 새로운 가격 형성 시스템을 도입하기 이전에 이뤄야 합니다. 그렇지 않으면 1,000퍼센트 인플레이션을 마주할 위험이 있습니다. 그리고 두번째는, 새로운 가격 시스템을 도입하기 이전에, 사회 최빈층의 이해를 보장하는 사회 보호 메커니즘을 만드는 게 필요합니다. 이러한 단계들은 가격 개혁으로 인한 민중의 불만을 완전히 제거하지는 못하겠지만 감소시킬 겁니다. 제가 여기서 누굴 가르치고자 하는 건 아닌데, 제 안에 있는 재무장관이 깨어날 때가 있습니다. 예전 직책이었거든요. 여기까지 제 무료 자문이었습니다. 소련에 의미가 있었으면 좋겠군요. 한마디로 말하면, 우리는 당신의 노력들이 성공하기를 바랍니다. 그리고 일련의 사건들 중에 미국이 소련 입장에서 바람직하지 않은 무언가를 하는 것 같다는 느낌이 들면, 주저없이 전화를 걸어 이야기해주시기 바랍니다. (⋯.)

베이커: (⋯.) 오늘 아침에 셰바르드나제 장관과 독일 문제에 대해 자세한 의견을 나눴습니다. 이 문제에 대해 당신의 의견도 듣고 싶습니다.

고르바초프: (이 사안에 대해) 당신의 의견을 듣고 싶습니다.

베이커: 첫째로, 지난해, 심지어 지난 12월에 사람들이 예상했던 것보다 일이 훨씬 빠르게 진행되고 있습니다. 지난주에 저는 영국, 프랑스, 서독의 외무장관들을 만났습니다. 이들 모두 그 같은 의견을 가지고 있습니다. 3월 18일에 동독은 선거를 치룰 겁니다. 압도적인 과반수가 통일을 찬성할 거고, 독일 통일을 지지하는 지도자를 선출할 겁니다. 곧

두 독일 국가들은 통일의 내부적 측면들, 예를 들어 정부, 의회, 공동 자본, 공동 통화, 경제 통합 같은 문제들에 대한 의논을 시작할 겁니다. 이 모든 일들은 사실상 일어나고 있습니다. 소련의 우려사항에 대해 저는 잘 알고 있습니다. 장관과 얘기했습니다. 그와 동시에, 우리는 당신의 최근 발언과 작년 12월에 브뤼셀에서 이루어진 E.A. 셰바르드나제의 연설을, 소련이 독일 통일을 피할 수 없다는 사실을 이해하고 있다는 표현으로 받아들였습니다. 가장 중요한 것은 이 과정이 안정적인 조건에서 이루어지는 것과, 안정성에 대한 전망을 놓치지 않는 겁니다. 우리는 통일의 외부적 측면들과 관련된 문제들을 해결하기 위한 프레임워크와 메커니즘이 필요하다고 생각합니다. 그와 동시에, 그러한 메커니즘 형성이 독일인들의 민족주의를 자극하지 않게 매우 조심스럽게 접근해야 합니다. 이러한 메커니즘 형성은 두 독일 국가가 통일의 내부적 측면에 대한 논의를 시작한 이후에 되어야 합니다. 프랑스와 양 독일과 함께 우리는 "2+4" 메커니즘의 가능성에 대해 예비적인 논의를 시작했습니다. 아직 합의에 이르는 걸 목적으로 하지는 않았습니다만.

고르바초프: "4+2" 메커니즘의 가능성에 대해서는 어떻게 생각하는지 여쭙고 싶습니다.

베이커: 제 생각에는 "2+4" 메커니즘이 더 좋은 것 같습니다. 저는 셰바르드나제 장관에게 왜 저희 입장에서 4면적 접근이 효과가 없을 거라고 생각하는지 설명했습니다. 저는 CSCE 프로세스를 통하는 것도 너무 복잡해서 실현하기 어려울 거라고 생각합니다. 그리고 아직 독일이 "2+4" 접근법에 동의한다는 확답을 서독 측으로부터 받지 못했다는 점도 말씀드려야 겠습니다. 통일의 외부적 측면들에 대한 접근법을 개발해 나갈 때, 독일 이웃국가들의 우려도 어느 정도 고려해야 한다는 것은 말할 필요도 없습니다. 따라서 "2+4" 메커니즘의 프레임워크 내에서 합의된 사항들의 비준을 CSCE 포럼을 통해서 하는 것도 가능성 있는 이야기입니다. 미국은 소련과 함께 싸웠습니다. 우리는 함께 유럽의 평화를 가져왔습니다. 안타깝게도, 우리는 이 평화를 제대

로 지키지 못해서 냉전으로 이어지게 되었습니다. 우리는 당시에는 협력할 수 없었습니다. 이제, 유럽에서 근본적이고 빠른 변화가 진행되고 있는 지금, 우리에게 이 평화를 지키기 위해 협력할 수 있는 좋은 기회가 왔습니다. 저는 당신에게 이 말을 꼭 전하고 싶습니다. 대통령이나 저나, 지금 일어나고 있는 상황에서 미국에만 이로운 혜택을 뽑아낼 마음을 가지고 있지 않다는 사실 말입니다. 말씀드릴 몇 가지 세부사항이 있습니다. 우리는 독일의 중립을 옹호하지 않습니다. 서독도 독일의 중립을 만족스럽게 생각하지 않는다고 우리에게 말했습니다. 그 이유를 설명 드리고 싶습니다. 독일이 중립국이 된다고 해도, 그것이 독일이 군사를 포기한다는 뜻은 아닙니다. 그 반대로, 독일은 미국의 핵 억제력에 의지하는 대신, 자체적인 핵 개발을 시작하기로 결정할 수도 있습니다. 미국의 서유럽 동맹국 모두와, 몇몇 동유럽 국가들은 우리에게 미군이 유럽에 주둔하기를 희망한다고 알려왔습니다. 소련이 그런 가능성을 지지할지는 저는 모릅니다. 하지만 우리 동맹국들이 우리의 주둔을 반대한다고 말하면 그 즉시 우리 군대는 철수할 거라는 점을 단언합니다.

셰바르드나제: 미국의 다른 동맹국들에 대해서는 모르지만, 통일된 독일은 철수를 요구할 겁니다.

베이커: 만약 그렇다면, 우리 군대는 철수할 겁니다. 우리 군대의 주둔을 원치 않는 국가에 머물지는 않을 겁니다. 미국인들은 여기에 항상 강하게 찬성해왔습니다. 하지만 현 서독 리더십이 통일 독일의 수장이 된다면, 그들은 우리에게 우리 철수를 반대한다고 알려왔습니다. 마지막으로, 나토는 미군을 유럽에 주둔시키기 위한 메커니즘입니다. 만약 나토가 사라지면 유럽에는 그런 메커니즘이 없어질 겁니다. 우리는 미군이 나토 프레임워크를 통해 독일에 계속 주둔하게 된다면, 소련 뿐만 아니라 기타 유럽 국가들을 위해서도, 나토의 군 관할이 동쪽으로 단 1인치도 움직이지 않을 거라는 점을 확실히 하는 게 중요하다는 걸 이해하고 있습니다. 우리는 "2+4" 메커니즘의 프레임워크 내에서 이루어지는 자문과 논의를 통해, 독일의 통일로 인해 나토 군이 동쪽

으로 이동하지 않게 보장해야 한다고 생각합니다. 이러한 것들이 미국의 생각입니다. 어쩌면 더 나은 방법이 있을 수도 있습니다. 지금으로서는 이 접근법에 대한 독일의 동의를 얻지 못했습니다. 제가 겐셔에게 설명했는데, 생각해보겠다는 답변만 들었습니다. [프랑스 외무장관 롤랑] 뒤마 같은 경우는 이 생각을 마음에 들어했습니다. 이제 이 접근법에 대한 설명을 다 드렸습니다. 다시 한 번 말씀 드리지만, 더 나은 방법이 생길 수도 있지만 아직은 발견하지 못했습니다.

고르바초프: 일반적으로 우리도 그러한 생각을 공유한다고 말씀드리고 싶습니다. 이미 이 과정은 시작되어 진행 중입니다. 우리는 이 새로운 현실에 적응하기 위해 노력해야 합니다. 세계 정치에서 매우 중요한 중심인 유럽이 평화롭게 남아있게 안정성을 지키도록 도울 메커니즘이 필요합니다. 물론 우리는 이 상황을 바라보는 관점에 약간 차이가 있긴 합니다. 전 그게 나쁘다고 전혀 생각하지 않습니다. 가장 중요한 점은 이 상황에 지나치게 단순하게 접근하지 않는 것입니다. 첫째로, 우리는 유럽의 상황이 개선되길 바랍니다. 지금 일어나고 있는 상황 때문에 상황이 악화되도록 두어서는 안 됩니다. 우리는 새로운 현실 조건에 맞춰 어떻게 행동해야 할지 생각해봐야 합니다. "독일이 어떤 모습이 될까?" 라는 질문이 생깁니다. "독일이 유럽과 세계 속에서 어떻게 행동할까?" 이게 근본적인 질문들입니다. 그리고 우리가 보기엔, 독일은, 예를 들어 파리, 런던, 바르샤바, 프라하, 부다페스트에서 각기 다르게 인식되고 있습니다.

베이커: 이해합니다.

고르바초프: 어제 저는 야루젤스키와 통화했습니다. 그는 당신이 지금 모스크바에 있다는 걸 알고 있고, 콜과 겐셔가 내일 도착한다는 것도 알고 있습니다. 이를 고려해서 야루젤스키는 몇 가지 사안들에 대해, 특히 독일과 관련해서 몇 가지 의견을 표했습니다. 그리고 독일은 폴란드 인들에게 정말이지 문제입니다! 그는 계속해서 연락을 취하면서 이 문제에 대해 의견을 나눠야 한다고 생각합니다. 그는 유럽 내에 미군과 소련군이 주둔하는 것이 안정성의 요소라고 생각한다고 밝혔습니다. 체코슬

로바키아와 오스트리아에서는 통일 독일의 힘이 커져 1938년 정해진 국경, 오스트리아 주데텐 지역에 욕심을 내지 않을까 하는 우려가 있습니다. 물론 오늘날 그런 욕심을 표현하지는 않지만, 앞으로 어떻게 될지 어떻게 알겠습니까? 그리고 프랑스와 영국에서는 이런 질문이 제기됩니다. 독일이 유럽에서 강대국 역할을 유지하게 될까? 짧게 말해서, 소련은 규모와 크기 때문에 이 상황에서 쉬운 입장에 있습니다. 콜과 그의 팀은 그것이 어떤 의미일지에 대한 이해하며 우리에게 이야기하고 있습니다.

베이커: 동의합니다.

고르바초프: 따라서 국민들의 감정을 이해하면서, 이 과정을 방해하지 않고 돕는 방향으로 세심하고 조심스럽게 진행하는 것이 필요합니다. 국제적-법적 기반 위에 서 있으면서 서로 대화를 나누고 상황을 평가할 기회를 제공하게 될 "4+2" 또는 "2+4" 메커니즘과 관련해선, 어쩌면 우리의 의견교환이 이루어진 후에 서구와 동구의 파트너들과 대화를 이어 나가야 할 겁니다. 미국은 미국의 관점대로, 우리는 우리 관점대로 말입니다. 그렇다고 우리가 벌써 합의에 도달했다는 뜻은 아니고, 계속해서 합의를 찾아 나가야 한다는 뜻입니다. 서독이 이 접근법에 동의를 표하지 않았다고 말씀하셨죠. 우리가 모드로와 나눈 대화로 판단하건대, 동독은 그러한 접근법을 지지할 것 같습니다. 내일 콜 총리에게 이에 대해 어떻게 생각하는지 물어볼 수 있겠군요.

베이커: 좋습니다. 그런데 한 가지 주의할 점을 말씀드리고 싶습니다. 우리가 양 독일로 하여금 "2+4" 접근법을 지지하도록 설득할 수 있다고 하더라도, 동독이 결정을 내린 3월 18일 이후에, 양 독일이 통일의 내부적 측면들에 대한 논의를 시작한 이후에 해야 할 겁니다. 그렇지 않으면 그들은 4개 강국들의 압력은 수용 불가능한 것이고, 통일은 오로지 독일만의 문제라고 주장할 겁니다. 우리의 접근법은 통일의 내부적 측면들은 양 독일 간의 문제라는 점은 동의합니다. 하지만 독일 이웃 국가들의 안보 문제를 고려하여 외부적 측면들에 대한 논의가 이루어져야 하는데, 이는 그들이 받아들일 수 있는 것이어야 합니다. 게다

가, 우리는 베를린의 상태에 대해서도 의논해야 합니다. 우리가 이런 식으로 접근한다면 독일도 제안한 메커니즘에 동의할 가능성이 있습니다. 다시 한 번 말씀드리지만, 저는 이것을 (콜)총리와 전혀 의논하지 못했고, 겐셔는 저에게 답변을 주지 않았습니다. 이 접근법을 고려해보겠다고만 말했을 뿐입니다. 제 생각에는 찬성할 거라고 생각합니다. 하지만 총리와는 또다른 문제입니다. 그는 곧 있을 선거에 후보로 나왔습니다.

고르바초프: 그건 이 상황에서 커다란 영향을 미칠 매우 중요한 요소입니다.

베이커: 그러한 것이 민주주의의 변덕입니다. 그는 독일의 통일 문제를 외세에 떠넘기고 있다는 인상을 주지 않기 위해 매우 조심스럽게 행동해야 할 겁니다.

고르바초프: 저는 모드로가 속한 당을 제외하고 서독과 동독의 모든 당 대표들이 참석한 복음주의 학회가 최근 주관한 심포지엄에 대해 이야기 드리고 싶습니다. 논의의 결과, 대부분의 참가자들이 독일 연합(confederation)에 우호적인 입장을 보였습니다. 동독 대표들은 양 독일의 경제적 융합이 반드시 동독 정신의 변절이나 동독의 식민지화를 의미할 필요가 없다고 강조했습니다. 그들은 어린아이들 같은 대우를 원하지 않는다고 말했습니다. 두 번째 결론은 통일이 기존의 국경선을 존중하면서 오늘날 서독과 동독의 영토 위에서만 이루어져야 하고, 양 독일을 나토와 바르샤바 조약의 회원으로 유지해야 한다는 겁니다. 반면 의견 차이도 있었습니다. 일부 서독 및 동독 대표들은 향후 독일을 중립국으로 만드는 데 찬성했습니다. 그러나 양국의 대표 과반수가 두 조약의 회원 지위를 유지하는 데 찬성했는데, 이는 군국주의에서 새로운 정치 구조로 변화시킬 겁니다. (빌리) 브란트의 연설이 가장 놀라웠습니다. 그는 아무도 독일의 자기결정에 방해를 놓아선 안된다고 단언했습니다. 그는 독일인들이 CSCE 프로세스를 기다려선 안 된다고, 전 유럽 통합이 독일의 통일을 앞서는 게 아니라, 그 반대가 되어야 한다고, 독일의 통일이 먼저 이루어져야 한다고 말했습니다. 그는 연합(confederation)을 거부하고 독일 국가의 연방체제(federation)를 주장했

습니다. 그와 동시에 이 연방의 서독 부분은 반드시 나토에 남아야 하며, 전(前) 동독은 숙고가 필요하다고 말했습니다. 많은 서독 대표들이 브란트가 독일의 민족주의를 자극한다고, 심지어 콜 총리보다 앞서 나가려고 한다고 비판했습니다. 저명한 학자 (현 서독 대통령의 형제인) 칼 프리드리히) 바이츠제커가 한 연설은 매우 흥미로웠습니다. 그는 독일의 민족주의를 자극하는 것을 여러 이유들로 인해 반드시 피해야 하는데, 그 이유들 중 하나는 소련의 민족주의 바람을 일으킬 수 있다는 것이었습니다. 그는 소련인의 입장에서 과거의 전쟁이 무엇을 남겼는지 이해했습니다. 그는 또한 소련에서 민족주의가 분출되면 페레스트로이카에도 위협이 된다는 점도 강조했습니다. 독일인들이 통일을 부르짖을수록, 이웃국가들에게도 영향이 갑니다. 바이츠제커는 유럽에서 아우슈비츠가 잊혀지지 않았다고 강조했습니다. 작가 귄터 그라스는 통일된 독일은 언제나 쇼비니즘과 반유대주의의 온상이었다고 강조했습니다. 통일 비용에 대한 논의도 있었습니다. 수치도 제시되었습니다. 향후 8~10년 간 통일의 경제적 대가는 500억 마르크에 이를 것입니다. 연설자들은 독일인들이 이에 대해 알게 되면 통일에 대해 세 번은 생각해 볼 거라고 강조했습니다. 이상 흥미로운 의견들의 모자이크였습니다. 이렇게 자세하게 얘기해드린 이유는, 우리가 감정의 파도에 떠내려가지 않고, 압력에 굴복하지 않고 이것들이 모두 무엇을 의미하는지, 이 과정을 어떻게 이끌어야 할지에 대한 숙고와 예상에서 벗어나지 말아야 한다고 생각하기 때문입니다. 양 독일 국가 모두에는 위험을 지켜보는 세력들이 있습니다. 이건 중요합니다. 저는 미국 대통령께 미국과 연락을 하며 지내고, 정보를 교환하고, 필요하다면 이 문제에 대한 아이디어를 교환하고 싶어한다고 말씀드려 주셨으면 합니다.

베이커: 반드시 그렇게 하겠습니다. 이해하셨으면 좋겠는 점은, 저는 감정의 파도에 굴복해야 한다고 말씀 드리는 게 아니라는 점입니다. 하지만 곧 독일의 내부적 통합은 기정사실이 될 겁니다. 이러한 상황에서 모든 사람들과 세계의 평화를 위한 우리의 임무는 유럽의 안정을 담보

할 외부적 메커니즘을 개발하기 위해 할 수 있는 모든 것을 하는 겁니다. 그게 바로 제가 이 메커니즘을 제안한 이유입니다. 통일의 경제적 대가와 관련해선 선거 운동 기간에 이 문제가 논의될 가능성이 큽니다. 하지만 제 생각엔 사람들이 통일해서 함께하고자 하는 바람으로 인한 감정적인 분출에 의해 휩쓸려갈 것 같습니다. 질문 드리고 싶은 게 있는데, 지금 대답하지 않으셔도 됩니다. 통일이 된다고 가정하면, 통일된 독일이 나토에 가입하지 않고, 미군 없이 완전히 독립된 상태로 있는 것과, 통일 독일이 나토와의 연결은 유지하되 나토의 권한이 현재 경계선에서 동쪽으로 확장하지 않는다는 보장 중에 어떤 것을 선호하십니까?

고르바초프: 모든 것을 다시 검토해보겠습니다. 우리는 이 모든 질문들을 고위층에서 심도 있게 논의할 겁니다. 나토 구역의 확장은 받아들일 수 없다는 점은 말할 필요가 없겠지요.

베이커: 그에 동의합니다.

고르바초프: 현재 진행되고 있는 상황에서, 미군이 통제적 역할을 할 수 있을 가능성이 꽤 있습니다. 말씀 하셨지만, 베르사유 조약 이후에 그러했듯이 통일된 독일이 재무장하여 새로운 국방군을 형성할 방법을 찾고 있을 수 있다는 사실에 대해 함께 생각해봐야 합니다. 정말이지, 만약 독일이 유럽 체제를 벗어나게 되면 역사가 반복될 수 있습니다. 독일의 기술적, 산업적 잠재력이 이를 가능하게 할 겁니다. 만약 유럽 체제의 프레임워크 내에 독일이 존재하게 된다면, 그런 일을 예방할 수 있습니다. 이 모든 것들을 생각해봐야 합니다. 당신이 말씀하신 것들 대부분이 현실적인 것으로 보입니다. 우리가 생각해보겠습니다. 지금 당장 결론을 내리는 것은 불가능합니다. 동독이 우리와 밀접한 관계이고, 서독은 서구 나라 중 우리의 주요 무역 상대라는 점은 알고 계시죠. 역사적으로 독일과 러시아는 언제나 강력한 파트너 관계였습니다. 우리 모두 이 상황에 영향을 미칠 능력이 있습니다. 우리는 우리나라 및 다른 나라들의 이해관계를 고려하는 합리적 접근법을 개발할 때, 우리가 대응적 메커니즘을 개발할 때, 이러한 능력을 사용할 수 있습니

다. 우리는 이러한 능력들을 과소평가해서는 안 됩니다. 물론 현재는 선거 운동과 사회에서 일어나고 있는 강렬한 감정들로 인해 사안이 복잡합니다. 우리는 상황을 지켜보고 어떻게 행동할지 생각할 것입니다. (…).

고르바초프: 그런데 우리 양국 간의 무역 및 경제 협력과 관련해서, 현재 대규모 프로젝트들이 논의되고 있다는 점은 바람직합니다. 저는 바이칼-아무르 철도 사용, 광섬유 통신선 건설, 항공기 공동 건설 협력에 대해 말하고 있는 겁니다. 이것들은 흥미로운 계획입니다. 이것들이 현실화된다면, 우리의 협력은 새로운 단계를 맞이할 겁니다. 여기서 다시 한 번 COCOM의 문제가 떠오를 것으로 보입니다. 그렇지 않다면 우리는 이미 지난 기술에 대해 얘기하고 있는 거죠.

베이커: 지금 우리는 COCOM 규정을 분석하고 있습니다. 우리는 이 규정들을 검토해서, 비유적으로 말하자면 벽의 높이는 더 높되, 수가 더 적어지게 만들고자 합니다. 하지만 당신의 정책과 관련해 일부 보수층 들로부터 당신이 압박을 받고 있다는 점을 우리도 알고 있습니다.

고르바초프: 네, 권력 투쟁이죠.

베이커: 어제 에두아르드(셰바르드나제)에게 말했는데, 제가 처음으로 우리는 페레스트로이카를 돕고자 하며, 고르바초프와 셰바르드나제를 믿는다고 이야기하기 시작했던 작년 4월, 5월, 6월에 미국의 보수층들이 저를 비판과 함께 공격했습니다. 하지만 우리가 COCOM 규정들을 검토하고 국제 금융 기구에 소련의 가입 가능성을 논의하고 있는 지금, 그 보수층들은 이렇게 말합니다. "왜 러시아가 쿠바에 MIG-29s를 주는가?" 물론 쿠바는 미국에 위협이 못 됩니다. 하지만 중앙 아메리카의 일부 소규모 민주 국가들에는 확실히 위협입니다. 카스트로가 계속해서 혁명을 수출하고 있습니다. 그가 부시보다 더 자주 비판하는 사람이 딱 한 명 있는데, 바로 고르바초프입니다. (…)

[출처: 고르바초프 재단 문서고, Fond 1, Opis 1. 아나 멜랴코바 번역]
국가안보기록관, 워싱턴 D.C. NW, 2030 H 스트리트, 조지워싱턴대학교, 겔먼 도서관, 701번 스위트, 20037 / 전화: 202/994-7000, 팩스: 202/994-7005, nsarchiv@gwu.edu

부록 3

독일 통일과 관련된
2+4 외무장관 회담 전문[03]

1990년 9월 12일

9월 12일 모스크바에서 열린 2+4 외무장관회의: 자세한 내용

1. 기밀 – 전체 텍스트
2. 요약: 모스크바에서 9월 12일에 열린 공식적 회의는 미래 동독의 정치-군사적 상태와 관련하여 남아있는 문제들을 해결하기 위해 수뇌 회의에서 장관들이 만난 이후에나 이루어졌다. 이는 5조에서 사용된 "배치(deployed)"라는 용어의 의미를 다룬 회의록에 동의함을 통해 이루어졌다. 그 이후 장관들은 언어 및 법률 전문가들에게 모든 네 가지 언어로 최종 협정을 준비하도록 지시했다 (문단 41에 텍스트 제시). 그 다음 소련 외무부장관 셰바르드나제를 의장으로 공식 회의를 시작했다. 장관들은 주제를 벗어나는 말을 하지 않았으며, 2+4 외

---

[03] 2+4 외무장관 회담은 독일 통일을 최종적으로 승인한 회담으로 독일 통일을 조약화하였다. 이와 더불어 소련의 안보이익을 보호할 것을 천명함으로써 냉전 시대의 종식을 알리고 소련과 유럽 간의 친화정책을 약속한 회담이다. 소련에서 소련 외무장관인 셰바르드나제가 의장으로서 개최된 이 회담은 중요한 의미를 담고 있기에 전문을 부록으로 싣는다. 원문은 NSA(www.nsarchive.gwu.edu)에 있으며, 본서의 관련 내용은 33쪽에 있다.

무장관회의의 결과를 요약하고 그에 대한 만족을 표했다. 협정에 서명한 후 열린 공동 기자회견에서도 비슷한 양상이 반복되었다. 협정에 서명한 후, 양 독일은 4개 강국들에 징발, 나치즘, 동독 협정들의 유효성에 대해 다룬 문서를 배포했다 (문단 42에 제시). 요약 끝.

3. 제4차 2+4외무장관회의는 9월 12일 모스크바에서 열렸다. 소련 외무부장관 셰바르드나제가 의장 역할을 수행했다. 9월 4~7일 베를린, 그리고 9월 11일 모스크바에서 이루어진 정치 지도자들의 일을 이어 장관 회의들이 이루어질 수 있도록 외무장관회의의 스케줄이 지속적으로 변경되었다. 최종적으로 9월 12일 이른 아침 1+3 장관들의 회의 시작으로 회의들이 시작되었다. 이후 모든 2+4 국이 참가한 외무장관회의가 뒤따랐고, 여기서 <독일 관련 최종 합의에 대한 협정>이 최종적으로 합의되었다. 여기서 5조에서 사용된 "배치(deployed)"라는 용어의 의미에 대한 이해가 이루어졌고, 이는 합의된 회의록에 설명되어 있다. 이후 공식적인 장관회의가 늦은 아침에 시작되었고, 뒤이어 서명 세레모니, 점심식사, 공동 기자회견이 뒤따랐다.

4. 공식적 장관회의는 거의 전적으로 2+4외무장관회의의 결과에 대한 참가자들의 최종발언에 할애되었다. 이 발언들은 이후 공동 기자회견에서 장관들이 공식적으로 한 발언들의 요지를 대체로 그대로 담고 있었다. 공식적 장관회의에서, 서기장은 졸릭(Zoellick) 고문, 사이츠(Seitz) 부서기, 투트와일러(Tutweiler) 부서기, 라이스(Rice) NSC 대표, 영(Young) 법률 자문 대리, 매트록(Matlock) 소련 주재 대사, 언어 서비스에서 파견된 전문가, 그리고 EUR/CE 기록담당 한 명과 함께 했다.

셰바르드나제의 개회사

5. 소련의 외무장관 셰바르드나제는 2+4 프로세스가 오타와에서 회담을 위한 공식에 대한 합의가 이루어진 지 7개월 만에 마무리되었다는 말로 공식 장관회담을 시작했다. 참가자들은 매우 짧은 시간동안 먼 길을 왔다. 셰바르드나제는 이 프로세스를 시작할 때 그 누구도 이 그룹이 지금 현 상태에 도달할 거라고는 상상할 수 없었다고 말했다. 많은 장애물들이 있었지만, 참가자들은 서로에게 다가가 합의를 달성할 충분한 힘을 찾아냈다.

6. 셰바르드나제는 더 나은 유럽의 삶을 찾기 위해 복잡한 문제들을 해결해야 할 필요에 따라 이 그룹이 방향을 정했다고 말했다. 그는 그들이 모든 참가자들의 이해를 고려하고자 하는 욕구에 의해 도움을 받았다고 말했다. 이는 유럽의 상태에 대한 냉철하고 현실적인 평가와 유럽의 변화로 이어졌다. 셰바르드나제는 이 그룹이 "단순한 문서"라는 선택지를 포기하고 대신 모든 문제들을 해결하기 위해 "복잡한 문서"로 옮겨갔다고 말했다.
7. 셰바르드나제는 참가자들이 조약을 막판까지 고쳤다고 언급했다. 그는 콜-고르바초프의 대화가 합의를 위한 길을 닦았다고 말했으며, 부시 대통령과 영국 대처 수상의 기여도 언급했다. 그는 조약 작성에 힘쓴 모든 참가자들과 모든 전문가들에게 감사를 표했다. 그는 이 조약이 유럽 안보에 커다란 기여를 할 것이라는 말로 마무리했다.

겐셔

8. 서독 외무장관 겐셔가 다음으로 발언했다. 그는 이 시간은 유럽 전역에서 역사적인 시간이라는 말로 시작했다. 여섯 국가가 함께 짧은 시간 동안 매우 먼 길을 왔다. 오타와의 목표는 달성되었다. 독일 통일의 외부적 측면은 해결되었다. 겐셔는 10월 3일부터 독일인들이 1933년 이후 처음으로 다시 한 번 민주주의 국가에서 살게 될 것이라고 말했다. 독일은 파시즘으로 인해 자유, 그 다음으로 평화, 그리고 마지막으로 단일성을 잃었다. 폰 바이츠제커 대통령은 유럽을 화염에 휩쓸리게 한 전쟁에 대한 독일의 책임을 인정했다. 지금 이 순간 독일인들은 전쟁과 폭압으로 인한 모든 희생자들을 기억한다. 독일은 모스크바 테이블에 대표되는 국가의 국민들의 고뇌 뿐만이 아니라, 특히 유대인들을 생각하고 있다. 독일은 이 같은 일이 다시 반복되지 않도록 보장하고 싶다.
9. 겐셔는 협상 과정을 짧게 이야기하며 고르바초프, 부시, 미테랑 대통령, 그리고 대처 수상의 도움에 감사의 말을 전했다. 그는 독일의 통일이, 마찬가지로 통일로 향하는 유럽 내에서 이루어지고 있다고 말했다. 그는 4대강국의 권한 종료와 함께 독일은 완전한 자주권을 획득할 것이고, 이를 유럽의 평화와 단합을 위해 행사할 것이라고 말했다. 그는 독일 땅에서 오로지 평화만이 빛날 것이고, 독일은 핵, 생물학적 및 화학적 무기를 포기하고, 군 병력을 370,000명 수준으로 감

축할 것이라는 2+4 조약에 대한 독일의 약속을 강조했다.
10. 겐셔는 이제 할 일은 CSCE 프로세스의 확장과 제도화를 포함하여, 새로운 유럽의 구조를 형성하는 것이라고 말했다. 그는 유럽에서 근본적으로 변화한 상황이 동맹 회원들 간의 새로운 관계의 근간을 만들었다고 말했다. 그들은 이제 더 이상 서로를 적으로 보지 않고, 유럽에 지속되는 평화를 형성하기 위한 파트너로 대했다. 그는 독일 통일은 유럽의 건설적인 발전에 반드시 기여해야 한다는 내용의 고르바초프의 2월 10일 성명을 언급했으며, 7월 16일에 열린 콜-고르바초프의 회담이 이 목표를 달성하는 일을 가능하게 만들었다고 말했다.
11. 겐셔는 독일이 12개 EC 국가들의 정치적 통합을 위해 노력할 것이라고 말했다. 독일 전체가 EC의 일부로 남을 것이다. EC는 회원국들의 내부 및 외부 안정을 보장하며 전 유럽의 안정을 위한 기반이다. 또한 통일된 독일은 유럽 평화 유지의 중요한 요소인 대서양 동맹의 회원으로 남을 것이다. 독일의 동쪽 이웃국가들, 특히 소련과의 관계 개발은 독일인들에게 핵심적 중요성을 가진다. 다음날 독일이 소련과 함께 작성할 종합적인 조약은 독일인들이 이에 부여하는 중요성을 보여준다.
12. 겐셔는 국경선의 불가침성이 유럽 평화에 있어서 핵심적 요인이라고 말을 이었다. 2+4 조약은 독일 국경선의 확정적 성격을 재확인해주었다. 독일은 6월에 서독과 동독에서 통과된 의회 결의안에 따라, 통일 이후 최대한 빠른 시일 내에 기존의 독일-폴란드 국경선을 법적 구속력이 있는 조약을 통해 확정 지을 것이다. 독일은 또한 유럽의 평화에 기여할, 폴란드와의 종합적인 조약을 체결할 생각을 가지고 있다. 겐셔는 2+4 조약이 뉴욕에서 열린 CSCE 외무장관 회담, 그리고 파리에서 열릴 CSCE 정상회담에 제시될 것이라는 사실을 기쁘게 생각한다고 말했다. 그는 CSCE 참가자들이 2+4 조약이 헬싱키 원칙을 모두 반영하고 있다는 사실을 보게 될 거라고 말했다.
13. 겐셔는 2+4 조약 서명으로 독일인들이 현 시대의 커다란 도전과제들을 해결할 책임을 인정하게 되었다는 말로 발언을 마쳤다. 그 도전과제들이란, 평화 유지, 제3세계의 경제 개발, 모든 곳의 사회 정의 확립이다. 겐셔는 독일인들이 그들의 책임을 다할 것이라고 말했다. 독일은 다른 모든 국가들과 함께 자유와 평화, 그리고 평화 안에서 사는 것 외에 다른 것을 바라지 않는다.

드 메지에르

14. 동독 수상 드 메지에르가 겐셔 다음으로 발언했다. 드 메지에르는 동독 정부의 입장은 동독이 서독에 합병되기 이전에 독일 통일의 외부 및 안보 문제를 해결해야 한다고 생각한다는 말로 시작했다. 2+4 조약 체결과 함께 이 목표는 이제 이루어졌다. 이 조약은 역사적 사건이다. 이는 전후 시대의 끝을 가리킨다. 이 조약은 평화, 자유, 그리고 협력의 새로운 시대의 주춧돌이다. 이 조약은 자기결단을 통해 독일인들이 통일을 달성할 수 있는 길을 마련했다.

15. 드 메지에르는 모든 참가자들에게 감사의 말을 전했다. 그는 간편하지만은 않은 의견교환의 결과, 모든 참가자들의 합당한 이해관계가 고려되었다고 말했다. 유럽의 새로운 정치적 지평 하에서 아주 복잡하고 민감해 보이는 문제들도 해결 가능하다는 것을 알게 되어 기뻤다. 이는 유럽 내 이웃국가들 간의 관계의 새로운 특성에 대한 믿음을 북돋는다. 모든 참가자들이 자유, 평화, 그리고 협력의 유럽을 건설할 기회를 놓치지 않을 의지를 가지고 있었다는 사실이 결정적이었다.

16. 드 메지에르는 2+4 회담이 모스크바에서 성공적인 결론에 도달했다는 사실은 상징적 의미를 가지고 있다고 말했다. 중앙 및 동부 유럽에서 평화로운 변화를 시작시킨 것은 고르바초프의 "페레스트로이카"와 "신사고" 정책이었다. 이는 다시 한 번 유럽 내의 안보 및 안정에는 소련이 함께 해야 한다는 증거를 보여주었다. 공통된 유럽의 집이라는 비전이 현실에 더 가까워졌다. 유럽은 분열이라는 오래된 사고를 넘어서서 대서양부터 우랄산맥까지라는 더 큰 의식을 다시 갖추기 시작했다.

17. 드 메지에르는 통일된 독일이 독일의 유럽 이웃국가들에게 전후 국경선을 마침내 아무런 유보 없이 인정하고 이웃국가들에게 아무런 영토 분쟁을 일으키지 않는 것이 중요한 의미를 갖는다고 말했다. 국경선의 확정성을 인정하는 것은 화해의 정신 아래 유럽의 의미 있는 협력을 위한 선제조건이다. 신뢰가 불신을 대체할 수 있고, 그렇게 해야 한다. 드 메지에르는 동독은 유럽의 현 영토 체제가 화해와 새로운 시작의 바탕이 된다는 폴란드 외무장관 스쿠비체브스키의 최근 성명에 동의한다고 말했다.

18. 드 메지에르는 통일과 관련된 복잡한 안보 문제들을 해결하는 것이 필요하다

고 말했다. 서로가 이룬 합의는 모든 당사자들의 이해관계를 반영한다. 이는 동독 영토에 부여된 특수적 군 상태에 대해서도 사실이다. 드 메지에르는 2+4 조약의 해당 조항들을 짧게 언급했으며, 동독에 있는 독일 군사는 수, 구조, 장비의 측면에서, 공격 작전을 수행할 수 없을 것이라고 말했다.

19. 드 메지에르는 이러한 어려운 타협이 가능했던 이유는 모든 참가자들이 블록 사고에서 멀어질 준비가 되었기 때문이라고 말했다. 동서 관계에 있어서 이제는 평화의 유지에서 평화의 성장으로 넘어갈 수 있게 되었다. 이러한 새로운 발전은 시대가 지난 군 독트린에 대한 일반적인 불신에 기원을 둔다. 넓은 범위의 무장 해제 조치는 그로 인해 발생한 여분의 자원들이 경제, 사회, 생태계적 목적을 위해 사용될 수 있을 거라는 희망으로 정당화되었다. 계속해서 군사력은 감축하고 상호 신뢰를 쌓아가는 것이 모두의 목표가 되어야 한다. 걸프만의 위기는 세계의 평화가 얼마나 불안정한지를 보여주었다. 하지만 또한 공격자에 함께 대응할 때 국가들로 이루어진 사회가 얼마나 강한지도 보여주었다. 드 메지에르는 처음으로 초강대국들이 서로 적이 아니라고 말했다. 이는 자라나는 신뢰의 분위기에서 이루어진 성공이다.

20. 드 메지에르는 CSCE 정상회담이 냉전과 억압의 시대를 확실하게 끝낼 결정에 도달할 수 있도록 하는 좋은 사전 조건을 2+4 회담이 만들었다고 말했다. 2+4 조약 체결과 함께, 독일은 완전한 자주권을 되찾을 것이다. 이에 대한 사전 조건은 독일 영토에서 전쟁이 다시는 발생하지 않을 것이며 독재가 다시는 일어나지 않을 거라는 신뢰였다. 통일 독일은 독일의 역사와 역사의 교훈을 보존할 지속적인 의무를 가지게 될 것이다. 이에 대한 한 가지 징표는 양 독일 외무장관이 4대강국에게 보낸 서한으로, 전쟁으로 인한 무덤과 기념물들은 보존될 것이고, 헌법에 대항하는 당은 허용되지 않을 거라는 내용이 담겼다. 드 메지에르는 1945-49년의 토지 개혁의 결과가 명시적으로 인정되었으며, 그리고 동독의 국제 조약에 대한 의무가, 특히 CMEA 국가들과의 경제적 합의와 관련하여, 책임감 있는 방식으로 처리될 것이라고 말했다.

21. 드 메지에르는 독일 국가 전체가 이웃국가들 및 유럽의 기타 국가들의 동의와 함께 통일된 주권 국가가 된 것에 대해 자신의 기쁨을 표현하며 발언을 마무리했다. 그는 동독의 국민들이 지난 40년 간의 경험을 통해 비합리적인 차별은

국제적 발전으로부터의 소외를 뜻한다는 것을 아주 잘 알고 있다고 말했다. 동독은 단 한 번도 독일의 통일을 독일의 단독적인 목표라고 생각한 적이 없으며, 유럽의 분열 극복의 일환으로 생각했다. 그는 이 조약이 뉴욕 CSCE 회의에 제시될 거라는 사실을 반가워했다. 그는 통일 독일이 이제 유럽의 연결 고리의 역할을 맡게 되었으며, 유럽 전체는 인류를 마주하고 있는 중요한 문제들을 해결하는 데 있어서 북아메리카의 민주주의에 참여할 수 있게 되었다고 말했다.

고르바초프 서기장

22. 서기장이 그 다음으로 발언했다. 그는 모스크바에서 열린 회담을 역사가 있는 랑데부라고 부르며 시작했다. 그는 2+4 프로세스가 독일인들이 평화와 자유 안에서 통일을 추구했던 정치적 혁명의 와중인 지난 2월에 시작되었다고 말했다. 서기장은 모스크바에서 이루어진 2+4 조약 체결은 그러한 정치적 혁명에서 외교적인 측면의 완료를 나타낸다고 말했다. 그는 여섯 참가국들이 독일의 성공적인 통일을 도왔으며, 독일 주권에 대한 제한을 해제했다고 말했다.

23. 서기장은 통일의 외부적 측면들을 해결하는데 있어서, 2+4 프로세스가 새로운 어휘를 만들어냈다고 말했다. "개방성," "협력" 그리고 "파트너십" 같은 단어들이 냉전의 언어, "비밀," "갈등" 그리고 "대치" 같은 단어들을 대체했다. 서기장은 이러한 단어들이 행동으로 뒷받침되었다고 덧붙였다.

24. 서기장은 1년 전만 해도 이러한 결과를 상상할 수 있는 사람이 얼마 없었다고 말했다. 그는 이전에는 희망이 생겼다가 꺼져버릴 뿐이었다고 말했다. 독일과 유럽의 분열은 영구적인 것으로 보였고, 베를린 장벽도 마찬가지였다. 하지만, 놀라운 속도로, 베를린 장벽이 무너졌고, 자유에 대한 새로운 희망이 떠오르기 시작했다. 표현의 자유, 예배의 자유, 선택의 자유, 하지만 무엇보다도 한밤중에 경찰의 방문을 받을지 모른다는 두려움으로부터의 자유 말이다.

25. 서기장은 2+4의 결과에 대해 이야기하기 시작했다. 그는 완전하고 자유로운 독일, 민주주의적이고 자주적인 독일, 나토와 EC의 회원이며, 이웃국가들과 화해한 독일이 탄생했다고 말했다. 구속력 있는 국제적 합의로 확인된 확정적인 국경선을 가진 독일이었다. 서기장은 2+4 조약이 독일의 동맹들에 의해 완전히 지지되었다고 덧붙였다. 미국 입장에서 이는 45년 간의 여정의 마무리를 뜻했

다. 1945년 이후 모든 대통령과 의회가 자주적이고, 민주적이며, 통일된 독일이라는 목표를 승인했다. 이것은 이제 달성되었다. 우리는 우리의 친구 및 동맹과 함께 미래를 바라본다.

26. 서기장은 이러한 외교적 혁명 가운데 새로운 관계들이 형성되었다고 말했다. 특히, 소련은 국제적 협력과 양립가능한 소련의 이해관계에 대한 새로운 비전을 제시했다고 서기장이 말했다. 그는 이 방면에 있어서 소련 외무장관 셰바르드나제의 끈기와 상상력을 치하했다. 그는 2+4 프로세스에 대한 다른 동료들의 노력에 대해 감사의 말을 전했다. 서기장은 2+4 프로세스가 성공을 이룬 것은 사람들의 의지를 반영하는 해결책을 찾고자 하는 공통된 관심사가 있었기 때문이라고 말했다. 그는 이제 세계는 만회해야 할 페르시아만에서 일어나고 있는 공격의 형태로 새로운 도전과제를 마주하고 있다고 말했다.

27. 서기장은 새로운 파트너십을 키우고 확장해야 한다고 말했다. 나토, EC, 그리고 CSCE는 새로운 시대에 적응해야 한다. 자유로운 선거, 법치주의, 자유시장에 기반한 새로운 독일과 새로운 유럽이 생겼다. 제2차 세계대전 종전 45년 후, 모든 사람이 정치적 산수 문제를 바로 맞췄다고 말했다. 2+4는 완전하고 자유로운 하나의 유럽 안에 있는 하나의 독일이다.

허드

28. 영국 외무장관 허드가 다음으로 말했다. 허드는 이 그룹이 긴 여정의 끝을 향해 가고 있다고 말했다. 독일의 분열은 "부자연스러운 것"으로 불렸다. 그 표현이 뜻하는 것이 무엇인지를 되살펴볼 필요가 있다. 가족, 친구, 국가의 분열이었다. 허드는 분열된 국가는 강렬한 감정을 자극한다고 말했다. 이러한 뜻에서, 독일의 분열은 위험을 뜻하고, 유럽 전체에 해롭다. 허드는 이러한 위험한 분열은 독일인 스스로에 의해, 7개월 간의 외교 과정에 의해 끝났다고 말했다.

29. 허드는 이 프로세스의 끝이 모스크바에서 열리는 것이 올바르고 적절하다고 말했다. 그는 소련의 신사고가 열쇠였다고 인정했다. 그와 동시에, 실질적인 면에서 차이가 있었는데, 이는 일반적인 사고를 벗어나는 정신이 필요했다. 그는 폴란드 파리에서 외무장관이 참여했던 독일의 국경선에 대한 합의가 앞으로 나아가기 위한 커다란 발걸음이었다고 언급했다. 그는 그 날 2+4 조약 체결에

있어서, 6개국이 폴란드에 대한 약속을 지켰다고 말했다.

30. 허드는 2+4 조약이 새로운 세계 질서에서 첫 번째 과실이라고 말했다. 2+4를 통해 이루어진 협력은 걸프만의 위기로 시험받을 것이다. 이 새로운 질서의 힘은 통일된 독일이 맡는 역할에 의해 증가할 것이다. 이러한 질서를 형성하는 데 아직 해야 할 일이 많다. 예를 들면, CFE 회담 및 CSCE 기관 발전이 그렇다. 허드는 서독의 콜 수상과 서독의 외무장관 겐셔, 동독의 수상 드 메지에르가 한 역할을 칭찬했다. 그는 이들의 정책이 2+4 프로세스의 성공적인 결말에 원동력을 제공했다고 말했다. 허드는 독일인들이 기뻐하는 일은 당연하며, 나머지 참가자들도 그들로 인해 기쁘고, 이 성취에 자부심을 갖는다고 말했다.

31. 허드는 통일된 독일이 유럽에서 제 자리를 찾아가고 있다고 말했다. 그는 1949년 유럽평의회에서 윈스턴 처칠이 했던 말을 인용하며 마무리했다. "통일된 유럽은 독일의 건강과 힘 없이는 살 수 없다."

뒤마

32. 프랑스 외무장관 뒤마가 다음으로 발언했다. 뒤마는 2+4 프로세스에서 달성된 결과에 대해 프랑스 정부의 만족감을 표현하며 시작했다. 그는 2+4 조약이 완전한 독일 주권 회복과 독일에 대한 비차별에 기반하고 있다고 말했다. 뒤마는 독일의 핵과 생물학적 및 화학적 무기 포기에 대한 재확인을 핵심 조항으로 꼽았다.

33. 뒤마는 2+4 프로세스의 결과가 유럽의 다른 변화와 동떨어져 일어난 일이 아니라고 말했다. 독일의 통일은 유럽 통합에서 하나의 단계일 뿐이다. 그는 독일이 이제 세계에서 자신의 자리를 되찾았으니, 유럽이 갈등을 해결할 현실적인 희망을 가지게 되었다고 말했다.

34. 뒤마는 프랑스인들이 2+4 프로세스로 나온 결과가 "조약"이라는 점에 특히 기뻐한다고 말했다. 이는 프랑스가 오랫동안 바라던 바였다. 그는 [모든] 공식 회의록에 프랑스 정부의 다음 성명을 포함시켜달라고 부탁했다: "우리는 이것이 우리가 처음부터 바랐던 조약이며, 따라서 그 적용은 그 어떤 상황에서도, 국제법의 적용을 받게 되리라는 사실을 기쁘게 생각한다."

35. 프랑스-독일 관계로 화제를 전환하며, 뒤마는 두 나라가 1870년부터 세 번의

전쟁을 치뤘지만 1963년부터 파트너로 지냈다고 언급했다. 그는 2+4 조약으로 제2차 세계대전의 유산인 비정상적 상황이 끝났다고 말했다. 독일과 유럽은 정상적이고 온전한 상태로 돌아갔다. 프랑스는 협력과 우정이라는 프랑스의 정책에 충실할 것이며, 동맹국들에 진실될 것이다. 뒤마는 유럽의 평화와 협력을 세우기 위해 해야 할 일이 더 있으며, 이는 파리에서 열릴 CSCE 정상회담에서 이루어지게 될 것이라는 말로 발언을 마무리했다.

셰바르드나제의 마무리 발언

36. 셰바르드나제가 다시 발언 기회를 잡았다. 그는 동료들에게 감사의 말을 전했고, 소련은 회담의 회의록들에 뒤마의 성명을 포함시키는데 동의한다고 말했다. 셰바르드나제는 2+4 조약을 작성하려면 상호 수용가능한 해결책을 찾는 것이 필요하다는 소련의 견해를 밝혔다. 그는 도달한 결정들이 모든 관련국들의 이해관계의 균형에 기반하고 있다고 말했다. 승자도 패자도 없다. 이러한 것이 안정을 가장 잘 보장한다.

37. 셰바르드나제는 2+4 조약이 과거의 경험이 반복될 가능성을 없앴다고 말했다. 독일 문제(German Question)가 다시는 유럽의 평화를 위협하는 일은 없을 것이다. 그는 독일의 통일이 유럽의 변화와 함께 이루어졌으며 유럽의 변화를 위한 추동력을 제공해야 한다고 말했다. 의미 없는 대립은 과거의 것이다. 모든 참가자들은 독일의 통일이 CSCE의 확장, 나토와 바르샤바조약기구(WTO) 간의 관계 변화, 새로운 유럽 안보 구조 개발에서 역할을 해야 한다는 데 동의했다. 셰바르드나제는 이제 NATO-WTO 공동 결의안 작성과 CSCE 정상회담 준비에 힘써야 한다고 말했다. 그는 갈등 예방을 위해 유럽 중심부를 개방하는 결정을 내리기 위해서 그것이 특히 필요하다고 말했다.

38. 셰바르드나제는 2+4 프로세스에 주어졌던 임무가 완수되었다는 말로 요약했다. 즉, 독일 통일의 외부적 측면에 대한 조약이 이제 준비되었다. 이것은 미래를 위해 중요한 독특한 역사적 경험이었다. 그는 논의들이 날카로웠고, 때로는 과열되었지만, 언제나 상호 존중을 기반으로 했다고 덧붙였다.

39. 셰바르드나제는 그 다음으로 절차 문제에 대해 이야기했다. 그는 조약에 대한 서명은 고르바초프가 참석한 자리에서 이루어질 거라고 말했다. 기자회견에서

그는 2+4 프로세스가 성공적으로 마무리되었으며, 조약의 내용을 개략적으로 설명하고, 조약이 공개될 것임을 알리고, 독일 통일의 외부적 측면들의 해결의 중요성을 강조하고, 모든 참가자들의 만족에 대해 이야기할 계획이다. 셰바르드나제는 외무장관들이 CSCE 정상회담에서 CSCE 회원들에게 조약을 제출할 것이며, 소련은 의장으로서 폴란드 정부에 조약의 사본을 제공하기 위해 파리 장관회담에서 도달한 합의를 수행할 것이다. 모든 외무장관들이 이에 동의했으며, 회의는 휴회되었다.

40. 장관들은 법률 및 언어 전문가들이 조약의 최종본을 총 네 언어로 준비하는 동안 기다리기 위해 대기실로 향했다. 이 일이 끝나자, 총 6개국의 모든 대표들이 서명을 지켜보기 위해 모였다. 만찬과 공동 기자회견으로 (모스크바 32112에 전사 제공) 장관회담을 마쳤다.

41. 최종 합의된 독일과 관련한 최종 합의 조약(4+2조약)은 다음과 같다:

독일과 관련한 최종 합의 조약

독일연방공화국(서독), 독일민주공화국(동독), 프랑스 공화국, 소비에트 사회주의 공화국 연맹, 그레이트브리튼 및 북아일랜드 연합 왕국, 그리고 아메리카 합중국은, 각 국민들이 1945년 이후 평화 안에서 함께 살고 있다는 사실을 인식하고; 대륙의 분열을 극복할 수 있게 만드는 유럽에서 최근 일어난 역사적 변화를 유념하며; 베를린과 독일 전체와 관련한 4대강국들의 권리와 책임, 그리고 그와 관련된 4대강국들의 전시 및 전후 합의 및 결정을 기억하며; 국민들의 동등한 권리와 자기결정이라는 원칙에 대한 존중을 기반으로 국가들 간의 우호적인 관계를 개발하고, 만국의 평화를 강화하기 위해 적절한 조치를 취한다는 유엔헌장에 따른 자신들의 의무에 따라 결의를 내렸으며; 헬싱키에서 체결된 유럽안보협력회의 최종의정서의 원칙을 상기하며; 그 원칙들이 유럽의 공정하고 영속되는 평화 상태의 확립에 대한 단단한 기반을 마련했음을 인정하며; 모든 사람들의 안보 문제를 고려하겠다는 다짐으로; 적대주의를 마침내 극복하고 유럽에서 협력을 개발하겠다는 필요에 대한 확신으로; 특히 효과적인 군비 통제, 무장 해제 및 신뢰구축조치를 통하여 안보 강화에 대한 준비성; 서로를 적으로 보는 것이 아니라 신뢰와 협력 관계를 위해 노력하려는 의지; 따라서 유럽 안전 보장 협력 회의의 프레임워크 내에서 적절한 제도적 장치 마련을 긍정적으로 검토하려는 준비성을 확인하며; 독일 국민들이 자기결정권을 자유롭게 행사하여, 독일을 통일된 국가로 만들어 통일된 유럽에서 동등하고 자주권을 가진 파트너로서 세계의 평화에 기여할 수 있게 되고자 하는 그들의 의지를 표현했음을 환영하며; 독일이 확정적 국경선을 가진 하나의 나라로 통일되는 일이 유럽의 평화와 안정에 커다란 기여라는 확신을 가지고; 독일과 관련한 최종 합의에 도달하고자 하는 의도로; 그에 따라서, 그리고 민주적이고 평화로운 국가로서의 독일의 통일을 통해, 베를린과 독일에 대한 4대강국의 권리와 책임이 그 기능을 잃음을 인지하며; 1990년 2월 13일의 오타와 선언에서 합의한 대로, 외무장관들이 대표하여, 1990년 5월 5일 본에서, 1990년 6월 22일 베를린에서, 폴란드 공화국 외무장관의 참여와 함께 1990년 7월 17일에 파리에서, 그리고 1990년 9월 12일 모스크바에서 만나; 다음에 동의했다;

제1조

(1) 통일된 독일은 독일연방공화국, 독일민주공화국, 그리고 베를린 전체의 영토로 구성된다. 통일 독일의 외부 국경선은 독일연방공화국과 독일민주공화국의 국경선이며, 현 조약이 발행되는 날짜로부터 확정된다. 유럽의 평화로운 질서를 위해 통일 독일 국경선의 확정적인 성격은 필수적인 요소이다.

(2) 통일 독일과 폴란드 공화국은 그들 사이에 있는 기존의 국경선을 국제법으로 구속되는 조약에 따라 확정한다.

(3) 통일 독일은 다른 국가들에 대해 그 어떠한 영토 소유권도 주장하지 않으며, 미래에도 주장하지 않는다.

(4) 독일연방공화국과 독일민주공화국의 정부는 통일된 독일의 헌법에 이러한 원칙들과 양립할 수 있는 그 어떤 조항도 포함시키지 않도록 해야 한다. 이는 독일연방공화국 기본법의 서문에 나열된 조항들, 제23조의 두 번째 문장, 그리고 제146조에도 마찬가지로 적용된다.

(5) 프랑스 공화국, 프랑스 공화국, 소비에트 사회주의 공화국 연맹, 그레이트브리튼 및 북아일랜드 연합 왕국, 그리고 아메리카 합중국은 독일연방공화국과 독일민주공화국의 약속과 선언을 공식적으로 지켜볼 것이며, 이들의 실행이 독일

국경의 확정적 성격을 확인한다고 선언한다.

제2조

독일연방공화국과 독일민주공화국은 독일 땅에서 오로지 평화만 발산할 것이라는 그들의 선언을 재확인한다. 통일 독일의 헌법에 따라, 국가들 간의 평화로운 관계를 해칠 수 있거나 그러한 의도로 자행되는 행위, 특히 침략 전쟁을 준비하기 위한 행위는 위헌이며 처벌가능한 위법행위이다. 독일연방공화국과 독일민주공화국은, 통일 독일이 자체의 헌법과 유엔 헌장을 따르지 않는 한, 무기를 절대 사용하지 않을 것임을 선언한다.

제3조

(1) 독일연방공화국과 독일민주공화국의 정부는 핵, 생물학적 및 화학적 무기들의 제조 및 소유 및 제어를 포기함을 재확인한다. 이들은 통일된 독일도 이 약속을 준수할 것임을 선언한다. 특히 1968년 7월 1일에 체결한 핵확산금지조약으로 인한 권리와 의무가 통일된 독일에도 계속해서 적용될 것이다.

(2) 독일연방공화국은, 독일민주공화국의 완전한 동의와 함께, 1990년 8월 30일 비엔나에서 열린 유럽 재래식 군사(CFE)에 대한 협상에서 다음과 같은 성명을 발표했다:

"독일연방공화국 정부는 통일된 독일의 군사 인력을 (육군, 공군, 해군) 3-4년 내에 370,000로 감축시키로 한다. 이러한 감축은 첫 번째 CFE 조약 발효 시점부터 시작될 것이다. 이러한 전반적 상한선 하에서 345,000명 이상이 육군과 공군에 속하지 못할 것이며, 동의된 권한에 따라, 육군과 공군만이 유럽 재래식 군사 협정에 대한 협상의 대상이었다. 연방정부는 육군과 공군을 감축하기로 한 약속이 유럽의 재래식 군비 감축에 대한 독일의 커다란 기여라고 생각한다. 후속 협상들에서 협상의 다른 참가자들도, 인적 병력 제한 조치 등을 포함하여 유럽의 안보 및 안정 향상에 기여할 것이라고 기대한다."

독일민주공화국의 정부는 이 성명에 뜻을 같이 한다고 명시적으로 밝혔다.

(3) 프랑스 공화국, 소비에트 사회주의 공화국 연맹, 그레이트브리튼 및 북아일랜드 연합 왕국, 그리고 아메리카 합중국 정부는 독일연방공화국과 독일민주공화국의 이 같은 성명을 인식한다.

제4조

(1) 독일연방공화국, 독일민주공화국, 소비에트 사회주의 공화국 연맹 정부는, 독일연방공화국과 독일민주공화국의 현 조약의 제3조 2문단에 언급된 사항 실천과 연결하여, 통일된 독일과 소련이 현 독일민주공화국 영토 및 베를린에 있는 소련의 군사 주둔 조건 및 기간에 대하여, 그리고 1994년 말까지 완료될 이러한 군사의 철수에 대하여 조약을 통해 합의할 것이다.

(2) 프랑스 공화국, 그레이트브리튼 및 북아일랜드 연합 왕국, 그리고 아메리카 합중국 정부는 이러한 선언을 인식한다.

제5조

(1) 현 조약의 제4조에 따라 현 독일민주공화국 영토 및 베를린에서 소련군의 철수가 완료되기까지, 나머지 독일 영토에 있는 독일군이 속해 있는 동맹 구조에 포함되어 있지 않은 독일 영토 방위군만이 통일 독일의 무장군으로서 해당 영토에 주둔할 수 있다. 이 기간동안, 그리고 제5조 2문단의 조항에 따라, 다른 국가들의 무장군은 해당 영토에 주둔하거나 기타 군사 활동을 수행할 수 없다.

(2) 현 독일민주공화국의 영토와 베를린에 소련군이 주둔하고 있는 기간 동안, 프랑스 공화국, 그레이트브리튼 및 북아일랜드 연합 왕국, 그리고 아메리카 합중국의 군사는, 독일의 요청 시, 통일 독일 정부와 관련 국가들의 정부 간의 합의에 따라 베를린에 남아있을 것이다. 비독일군의 병사수와 장비는 현 조약의 서명이 이루어질 당시보다 더 클 수 없다. 비독일군에 의해 새로운 종류의 무기가 도입될 수 없다. 통일 독일 정부는 관련 국가들과의 기존 관계를 고려했을 때 정당한 조건으로, 베를린에 군사를 주둔시키고 있는 국가 정부들과 조약들을 체결할 것이다.

(3) 현 독일민주공화국 영토와 베를린에서 소련군의 철수가 완료되면, 나머지 독일 영토(서독)와 같은 방식으로 군사 동맹 구조에 속한 독일 군사 단위들이 독일의 그 영토(동독 및 베를린)에 주둔하게 될 수 있지만, 핵 무기 수송은 불가능하다. 이는 기존의(재래식) 역할을 위한 준비가 되어 있고 그러한 목적으로 지정된 독일의 지역을 제외하고, 기존의 기능 외의 다른 기능이 있는 재래식 무기 시스템에는 적용되지 않는다. 외국군 및 그들의 핵무기 수송은 해당 독일 지역

에 주둔 또는 배치될 수 없다.

제6조

통일독일이 동맹에 속할 권리는, 그로 인해 발생하는 모든 권리와 책임과 함께, 현 조약에 의해 영향 받아서는 안 된다.

제7조

(1) 프랑스 공화국, 소비에트 사회주의 공화국 연맹, 그레이트브리튼 및 북아일랜드 연합 왕국, 그리고 아메리카 합중국은 이로써 베를린과 독일 전체와 관련된 이들의 권리 및 책임을 종료한다. 그 결과, 관련 4자간 합의, 결정, 실천은 종료되며, 관련 4대강국 기관들은 모두 해산된다.

(2) 따라서 통일 독일은 내부 및 외부 사안에 대한 완전한 자주권을 갖는다.

제8조

(1) 현 조약은 최대한 빠른 시일 내에 비준 또는 수용이 이루어져야 한다. 독일의 경우 통일된 독일이 비준을 하게 될 것이다. 따라서 이 조약은 통일된 독일에 적용될 것이다.

(2) 비준 또는 승인을 위한 문서는 통일 독일 정부가 맡아야 한다. 통일 독일 정부는 다른 계약국들의 정부에 각각의 비준 또는 승인 문서의 보관에 대해 알려야 한다.

제9조

현 조약은 통일 독일, 프랑스 공화국, 소비에트 사회주의 공화국 연맹, 그레이트브리튼 및 북아일랜드 연합 왕국, 그리고 아메리카 합중국 사이에 각 국가들의 비준 또는 승인에 대한 최종 문서의 보관이 이루어지는 날짜로부터 효력을 발휘하게 된다.

제10조

영어, 불어, 독일어, 러시아어 문서가 모두 진본인 현 조약의 원본은 독일연방공화국 정부가 보관할 것이며, 독일연방공화국 정부는 인증된 사본을 각 계약 당사국들의 정부에게 전송해야 한다.

이에 대한 증거로, 권한을 부여 받은 아래 서명한 전권 대사들이 현 조약을 체결하였다.

1990년 9월의 열두번째 날 모스크바에서.

독일연방공화국 대표 - [한스 디이트리히 겐셔]
독일민주공화국 대표 - [로타르 드 메지에르]
프랑스 공화국 대표 - [롤랑 뒤마]
소비에트 사회주의 연방 공화국 대표 - [에두아르드 셰바르드나제]
그레이트브리튼 및 북아일랜드 연합 왕국 대표 - [더글라스 허드]
아메리카 합중국 대표 - [제임스 A. 베이커 3세]

1990년 9월 12일의 2+4 조약에 대한 합의된 회의록
제5조 3문단 마지막 문장에서 사용된 "배치(deployed)"라는 언어의 사용과 관련된 모든 질문들은 서문에 언급된 대로의 각 계약 당사나들의 안보 이해관계를 고려하여 통일된 독일이 합리적이고 책임감있는 방식으로 결정할 것이다.

독일연방공화국 대표 - [한스 디이트리히 겐셔]
독일민주공화국 대표 - [로타르 드 메지에르]
프랑스 공화국 대표 - [롤랑 뒤마]
소비에트 사회주의 연방 공화국 대표 - [에두아르드 셰바르드나제]
그레이트브리튼 및 북아일랜드 연합 왕국 대표 - [더글라스 허드]
아메리카 합중국 대표 - [제임스 A. 베이커 3세]

텍스트 끝.

국가안보기록관
워싱턴 D.C. NW, 2030 H 스트리트, 조지워싱턴대학교, 겔먼 도서관, 701번 스위트, 20037
전화: 202/994-7000, 팩스: 202/994-7005, nsarchiv@gwu.edu

부록 4

미국-우크라이나의 전략적 파트너십에 대한 공동 성명[04]

2021년 9월

2021년 9월 1일, 성명문 및 보도자료

우크라이나가 독립을 회복하고 30년 후, 미국과 우크라이나 간의 연결고리는 그 어느때보다 강합니다. 온전하고, 자유롭고, 민주적이고, 평화로운 유럽에 대한 우리의 공통된 가치 및 전념이 우리의 전략적 파트너십에 대한 근간을 제공하고 있습니다. 우리는 에너지 안보 및 다양화, 기후 변화, COVID-19 팬데믹을 포함하여 우리가 공유하는 세계적 도전과제들을 해결하기 위해 협력하고 있습니다.

우리의 관계는 우크라이나 및 그 국경 지역에서의 안보, 민주주의, 인권을 위한 주춧돌 역할을 하고 있습니다. 우리는 우크라이나의 유럽 및 유럽-대서양 열망(EU 및 NATO 가입 희망)을 충족시키기 위해 필요한 심도 있고 종합적인 개혁 실행에

---

[04] 2021년 9월 미국과 우크라이나가 맺은 전략적 파트너십 공동성명으로 이 성명을 바탕으로 미국은 우크라이나에 전략 무기를 제공하고 군사를 훈련시키고, 공동군사훈련을 개최하는 등 촘스키 교수에 따르면 일종의 도발이 구체적으로 실행되었다. 이 문서는 우리가 이번 전쟁을 '아프간 함정'에 빗대어 '우크라 함정'이라 부를 수 있는 단초를 제공하는 중요 문서이므로 전문을 부록으로 싣는다. 원문은 미국 백악관 홈페이지(www.whitehouse.gov)에 있으며, 본서의 관련 내용은 36쪽에 있다.

헌신하고 있습니다. 우리는 러시아의 지속적인 공격 아래에서 우크라이나의 자주성과 영토의 온전성을 위한 노력에 힘을 모으고 있습니다.

우크라이나의 성공은 전 세계에서 일어나고 있는 민주주의와 독재 사이의 투쟁에 중요한 자리를 차지하고 있습니다. 이 도전과제를 우리가 함께 마주하면서, 우리는 우크라이나의 민주주의를 발전시키고, 정의를 구현하고, 번영을 확대하며, 안보를 강화하겠다는 야심 찬 공동 목표에 대해 낙관적인 마음으로 어깨를 맞대고 서 있습니다. 우크라이나는 정직성과 의도를 가지고, 미국의 도움과 함께, 부패에 맞서고, 책임성을 보장하고, 인권을 보호하고, 시민들의 열망을 실현하고, 해외 직접 투자를 유치하고 성장을 이끌기 위한 환경을 계속해서 형성하기 위한 기관들 설립에서 발전을 이뤘습니다.

미국과 우크라이나는 21세기의 도전과제들을 마주하기 위해, 방향을 다시 틀고 자원을 갖춘 전략적 파트너십 위원회(Strategic Partnership Commission, SPC)를 활성화하고 있습니다. 우리 파트너십의 격상을 기념하기 위해, 미국 국무장관과 우크라이나 외무장관은 이번 가을 워싱턴에서 열릴 SPC 회의에서 새로운 헌장을 승인할 계획입니다.

I. 안보 및 방위

21세기에는 국가들이 무력으로 국경선을 다시 그을 수 없어야 합니다. 러시아는 이러한 기본 원칙을 우크라이나에서 어겼습니다. 주권 국가들은 스스로 자신의 결정을 내리고 자신의 동맹을 선택할 권리를 가지고 있습니다. 미국은 우크라이나의 편에서 러시아의 침략 행위에 대해 계속해서 책임을 물을 것입니다. 우크라이나의 주권과 영토의 온전성을 위한 미국의 지지는 흔들림 없습니다.

러시아 공격에 대한 저항: 우크라이나 동부에서의 전쟁과 크림 반도 점령을 포함한 러시아의 공격은 14,000명이 넘는 우크라이나 사람들의 목숨을 앗아갔으며, 유럽과 흑해 지역의 안정을 흔들었고, 규칙에 기반한 세계의 체제를 위협했습니다. 미국은 러시아의 크림 반도 합병을 절대 인정하지 않을 것이며, 유엔헌장을 포함한 국제법에 근거한 동부 우크라이나에서 러시아의 주도로 일어나는 갈등에 대한 외교적 해결안 협상을 목표로 하는 노르망디 형식(Normandy Format)을 포함한 국제적 노력에 대한 지지를 재천명합니다. 미국은 국제법에 따라서 크림 지역 영토에 대한 우크라이나의 권한을 평화롭게 회복하는 것을 목표로, 러시아의 크림 반도 점령에 대한 인도주의적 및 안보적 비용에 대한 국제사회의 관심과 대응을 모으기 위하여, 크림 플랫폼(Crimea Platform)을 사용하려는 우크라이나의 노력을 지지합니다. 우리는 함께 러시아에게 동부 우크라이나에서 발포를 중지하고 전쟁을 끝내기 위한 갈등 해결에 진정으로 참여할 것을 촉구합니다.

전략적 방어 협력 심화: 미국과 우크라이나는 국방 및 방위산업 개혁을 실행하고, 흑해 안보, 사이버 보안, 정보 공유, 러시아 공격 대응 등을 포함한 미국-우크라이나의 전략적 방어 및 안보 협력을 강화하고, 공유된 우선순위들을 진보시키기 위한 기반을 형성하는 전략적 방어 프레임워크(Strategic Defense Framework)를 마무리 지었습니다.

우크라이나의 유럽-북대서양 동맹 가입 의사 지원: 미국과 동맹국들이 2021년 6월 나토 정상회담 대화에서 재확인했듯이, 미국은 우크라이나가 외부의 간섭으로부터 자유로이, 나토 가입 희망을 포함하여 자신의 미래의 해외 정책의 방향을 정할 권리를 지지합니다. 또한 우리는 진행 중인 개혁에 대해 우크라이나를 계속하여 지원할 것입니다.

우크라이나에 안보 지원: 미국은 우크라이나가 러시아의 공격으로부터 스스로를 더욱 효과적으로 지킬 수 있도록 하기 위해, 재블린 대전차 미사일 및 기타 방어용 살인 무기 및 비살인 무기를 포함한 새로운 600만 달러 안보 지원 패키지를 발표합니다. 미국은 2014년 이후 우크라이나에 25억 달러를 지원했으며, 올해만 4억 달러가 넘는 금액을 지원했습니다.

R&D 협력: 미국과 우크라이나는 쌍방향 군비 확충 및 군 기술 협력을 위한 프레임워크를 제공하는 연구, 개발, 검사 및 평가 협약(Research, Development, Test, and Evaluation Agreement)을 마무리 지었습니다.

방위 및 안보 부문 개혁 시행: 미국은 새로운 방어 산업 전략 도입을 포함한 국방 및 방위 산업 개혁과 관련한 우크라이나의 지속적인 발전을 환영합니다. 우리는 나토의 확대된 기회 파트너(Enhanced Opportunities Partner)로서의 우크라이나의 지위에 발맞추어 탄탄한 훈련 프로그램을 지속하고자 합니다. 우크라이나는 나토 가입으로 더 나아가기 위해 군에 대한 민주적인 문민통제를 강화하고, 보안 기관을 개혁하고, 방어 획득 과정을 현대화하기 위한 단계들을 계속해서 밟을 계획입니다.

미국은 우크라이나 보안 기관의 권한을 분명하게 명시하여 효율화하고, 인권을 보호하고 효과적인 공공 감시를 제공하는 규정을 강화하여 개혁하겠다는 우크라이나의 계획을 지지합니다.

사이버안보에 대한 협력: 미국과 우크라이나는 사이버안보 문제를 고위급 수준의 우선순위를 부여했습니다. 10월에 미국과 우크라이나 정부는 양자 간의 사이버안보 협력, 정보 공유, 우크라이나의 재정 부문을 포함한 우크라이나의 사이버안보 역량 형성에 대한 미국의 지원 강화를 위해 제4차 미국-우크라이나 양자간 사이버 대화를 키이우에서 열 계획입니다.

우주에 대한 상황 인식 제고: 미국과 우크라이나는 우주 비행 안전을 위하여 위성 및 지상 센서들로 발견되는 우주 물체들에 대한 더욱 효과적인 정보 공유를 가능하게 하는 우주 상황 인식(Space Situational Awareness) MOU를 체결했습니다.

협력적 위협 감축 제고: 미국과 우크라이나는 국가 및 핵 위험 감축 센터(National and Nuclear Risk Reduction Center)를 통한 연중무휴 커뮤니케이션을 유지하는 데 동의했습니다. 우리는 상호 간의 비확산 목표 달성을 돕고 지역적, 국제적 안보를 강화하기 위하여 1993년 체결된 전략적 핵 무기 제거 및 대량살상무기 확산 방지를 위한 우크라이나 지원과 관련된 협의(Agreement Regarding Assistance to Ukraine in the Elimination of Strategic Nuclear Arms and the Prevention of Proliferation of Weapons of Mass Destruction)를 7년 연장하는 데에도 협의했습니다.

II. 민주주의, 정의, 그리고 인권

미국과 우크라이나는 민주주의, 인권, 그리고 법치주의라는 세계의 자유로운 시민들을 단결시키는 보편적인 가치로 묶여 있습니다. 우리는 이러한 가치들을 국내에서 실천하는 것이 이것들을 전 세계서 수호하고 퍼뜨리는 데 필수적이라는 점을 알고 있습니다. 러시아의 지속되는 공격에도 불구하고, 우크라이나는 종합적인 민주주의 및 인권 개혁 시행에서 발전을 이루었습니다. 미국의 도움과 함께 우크라이나는 유럽 및 유럽-북대서양의 원칙 및 실천들과 발을 맞추도록 나라를 변화시키기 위한 개혁 어젠다를 추구하고 있습니다.

사법 개혁 및 부패 척결: 사법 개혁안 통과를 바탕으로, 우크라이나는 국제적 베스트 프랙티스에 맞도록 사법 부문을 점검할 계획을 가지고 있습니다. 그와 동시에, 우크라이나는 독립적인 반부패 인프라를 발전시켜 그 독립성을 보호하고, 부패의 뿌리를 뽑고 부정부패를 일삼는 사람들에게 책임을 묻는 것과 관련한 이 기관들의 효과성을 향상시키고자 합니다. 이러한 조치 들에는 국제적 베스트 프랙티스와 일치하는 새로운 반부패 전문 검사를 즉각 선발하고, 우크라이나의 국가 반부패국장의 권한을 보호하는 법률을 통과시키고, 그 후임자 선발을 투명하고 신뢰가 가는 절차를 통해 하도록 보장하는 것이 포함됩니다. 미국의 원조 및 자문 프로그램들은 이러한 전략적 개혁안들을 지지합니다

인권 향상: 미국의 도움과 함께 우크라이나는 인권, 시민적 자유, 기본 자유를 국제적 기준 및 의무에 걸맞게, 그리고 인종주의, 외국인혐오, 반유대주의, LGBTQI+ 커뮤니티에 대한 차별에 대항하기 위해 지속적으로 발전시킬 것입니다. 우크라이나는 입법 등을 통하여, 성별, 인종, 민족, 종교, 성적 지향, 정치적 견해를 막론하고 모든 사람들에 자행되는 폭력에 대한 책임을 강화할 계획입니다. 우크라이나와 미국은 러시아가 통제 혹은 점유하고 있는 우크라이나 영토에서 지속적으로 자행되는 구조적 폭력에 대해 러시아에 책임을 계속하여 물을 것이며, 이 영토에 묶여 있는 정치범 및 인지들의 석방을 위해 노력할 것입니다.

우크라이나의 개혁 어젠다에 대한 투자: 가버넌스 개혁은 국민들에게 민주주의를 보장하기 위하여 아주 중요합니다. 우크라이나는 민주적 제도를 강화하고, 인권을 강화하고, 정의를 구현하기 위한 개혁들을 우선순위로 다룰 계획입니다. 이를 위해 우크라이나는 다음 SPC 회의에서 검토될 야심차고 종합적인 변혁 계획(Plan of Transformation)을 세우고 있습니다. 우크라이나의 개혁 의지를 지원하며, 미국 정부는 민주주의, 인권, 지역 가버넌스 및 탈중심화, 민영화 및 사법 개혁에 초점을 맞춘 프로그램 등을 위해 우크라이나에 2014년 이후 20억 달러 가까운 금액을 지원했으며, 올해에는 4억 6300만 달러가 넘는 금액을 할당할 계획입니다.

Ⅲ. 에너지 안보 및 기후

기후 위기는 긴급한 행위를 촉구하는 중요한 지점에 다다랐고, 우리 양국 모두 이를 다루고 있습니다. 미국과 우크라이나는 지속적인 기업 가버넌스 개혁으로 뒷받침되는 지속가능하고, 효과적이며, 오래 유지되는 정책 솔루션들을 통한 우크라이나의 에너지 안보 상황을 발전시키고 있습니다.

전략적 에너지 및 기후 대화 시행: 미국과 우크라이나는 활성화된 전략적 에너지 및 기후 대화(Strategic Energy and Climate Dialogue)를 통해 공통의 에너지 및 기후 관련 목표들에 대한 협력을 강화하고자 합니다. 이 대화는 에너지 안보 목표를 달성하고, 경제적 유대를 강화하고, 야심 찬 기후 목표를 이루기 위한 탄탄한 플랫폼이 될 것입니다.

개혁을 통한 에너지 부문 투자 유치: 우크라이나와 미국은 우크라이나 에너지 시스템의 시스템적 불균형을 시정하고, 국영 에너지 회사들 내의 기업 가버넌스 개혁을 확장하고, 우크라이나 에너지 산업의 투자 매력을 제고하고, 에너지 독립, 탈탄소화, 클린에너지 목표를 달성하기 위해 필요한 해외 투자를 유치하기 위하여 전략적 에너지 대화를 활용할 것입니다.

온실가스 배출 감축 및 혁신 촉진: 우크라이나와 미국 양측은 국가별 감축 목표(Nationally Determined Contribution, NDC)를 통해 소통한 대로 2030년까지 국가 온실 가스 배출량을 야심 찬 수준으로 감소시키고자 하는 의지를 재확인했습니다. 우크라이나는 기후를 위한 농업 혁신 미션(Agricultural Innovation Mission, AIM)에 동참했으며, 경제적으로 책임감 있는 방식으로 재생가능한 에너지를 개발할 계획입니다.

노드스트림 2의 영향 시정: 미국과 우크라이나는 계속해서 우리가 유럽의 에너지 안보에 위협이라고 여기는 노드스트림 2를 반대하는 입장을 취하고 있습니다. 미국은 에너지 전환 기간동안 우크라이나의 전환 역할과 공급 안보를 유지하고 크렘린이 에너지를 지정학적 무기로 사용하는 것을 방지하기 위하여, 최근 에너지 안보를 위한 선임 자문 지명 등을 통한, 법률 및 에너지 외교로 구상 중에 있는 조치들을 이용할 생각입니다. 미국과 우크라이나 정부는 우크라이나가 다각화된 원천에서 가스를 공급받을 수 있도록 하는 노력을 지지합니다.

IV. 경제 성장 및 번영

우크라이나는 우크라이나는 자신의 미래를 스스로 선택하고 우크라이나 국민들에게 더 큰 정의와 기회를 제공하는 방향으로 국가의 역사의 흐름을 바꾸기 위해 경제적으로 충분히 강해야 합니다. 우크라이나의 지속적인 개혁안 도입 및 실행은 국가의 경제상황이 국민들에게 이롭도록 보장하기 위해 필수적입니다.

주요 개혁 실행: 우크라이나의 국제통화기금 프로그램에 따라, 우크라이나는 국영기업을 개혁하고, 중앙은행의 독립성을 보호하고, 재정 부문에 대한 감시를 강화하고, 공정한 사업 및 투자 환경을 조성하고자 합니다. 미국은 이러한 노력을 지원하고, 미국과 우크라이나 모두에서 탄탄하고 포용적인 경제 성장이 이루어지도록 촉진하기 위해 우크라이나와 함께 계속해서 협력할 생각입니다.

상업적 협력 확대: 미국과 우크라이나는 우크라이나에 미국 회사들이, 그리고 미국에 우크라이나 회사들이 상업적으로 참가할 수 있도록 돕기 위한 상업적 협력에 대한 양해각서를 마무리했습니다.

성장을 위한 충분한 자금 제공: 미국과 우크라이나는 논의 중인 몇몇 주요 프로젝트들을 포함하여 선정된 부문들에서 미래의 거래를 지원할 MOU를 체결했습니다. 농업, 기반시설, 기후, 에너지 부문의 프로젝트들이 발전해 나가면서 잠재적 거래들을 위해 미국의 수출입은행(EXIM)이 제공한 초기 30억 달러에서 지원금액이 증가할 수 있습니다.

무역 및 투자 성장: 미국-우크라이나 무역투자위원회(Trade and Investment Council)는 이번 가을 제10회 회담을 열어 규제 장벽을 낮추고, 우크라이나 정부 기관의 인가 받지 않은(unlicensed) 소프트웨어 사용을 중단하고, 기타 지적재산권 문제를 다루고, 노동관련 사안에 협력하기 위한 계획을 확인할 것입니다. 우크라이나는 또한 탄탄한 투자 심사 절차 설립과 관련한 법안을 통과시키려고 합니다. 우크라이나와 미국은 이번 가을에 열리는 위원회 회의에서 무역투자협력협의(Trade and Investment Cooperation Agreement)의 운영사항을 검토할 계획입니다.

V. 팬데믹에 대한 대응 및 인도주의적 지원

미국은 COVID-19 팬데믹에 대한 대응 및 동부 우크라이나의 전쟁으로 인한 인도주의적 필요와 관련해 우크라이나 국민들의 변함없는 지원자였습니다.

COVID-19 퇴치: 미국은 우크라이나에 COVID-19 관련 지원으로 약 550만 달러를 제공했고, COVID-19 백신 220만여분을 기증했습니다. 미국은 콜드체인(cold chain) 보관을 지원하고 미국구제법(America Rescue Plan Act)에서 나온 COVID 관련 지원금으로 추가 1280만 달러를 포함하여 우크라이나에 추가적인 지원을 제공할 생각입니다.

인도주의적 지원: 동부 우크라이나에서 지속되는 분쟁으로 340만 명의 사람들이 인도주의적 구호를 필요로 하는 상태에 놓이게 되었습니다. 2014년부터 미국은 음식부터 주거, 안전한 식수, 노인을 포함한 취약계층 보호에 이르기까지 도움이 필요한 우크라이나인들을 돕기 위한 인명 구호 지원금 3억 600만 달러를 제공해왔습니다. 미국 정부는 올해 우크라이나에 인도주의적 지원을 추가 4500만 달러를 제공할 계획입니다.

부록 5

'한국의 우크라이나 무기 지원 반대'
한국 종교 시민사회단체 성명서[05]

2022년 6월 21일

한국의 우크라이나 무기 지원 반대한다!
즉각적인 휴전과 인도적 지원을 위해 노력하라!

한국 정부가 윤석열 대통령의 북대서양조약기구(NATO, 나토) 정상회의(6/29~6/30) 참여를 앞두고, 우크라이나에 대한 살상 무기 지원을 검토하고 있는 것으로 알려졌다. 미국은 지난 6월 11일 한미 국방장관 회담에서 한국에 우크라이나 무기 지원을 완곡하게 요청했다고 알려졌다. 정부는 우크라이나에 살상 무기를 지원해 온 캐나다에 낮은 가격으로 포탄을 수출하는 등 우회적인 무기 지원 방안도 검토 중인 것으로 알려졌다. 이번 나토 정상회의에는 한국과 더불어 일본, 호주, 뉴질랜드, 스웨덴, 핀란드, 우크라이나 등 나토 비회원국이 참여할 예정이며, 우크라이나에 대한 무기 지원 등이 논의될 가능성이 높다.

---

05 이 성명서는 참여연대 등 한국의 89개 종교 및 시민사회단체가 기자회견을 열고 용산 대통령집무실 앞에서 발표한 성명서이다. 한국 정부의 우크라이나 무기 지원을 반대하는 운동이지만, 궁극적으로 평화를 지향하는 성격으로 이 책의 취지와 부합하여 전문을 부록으로 싣는다. 본서의 관련 내용은 112쪽에 있다.

러시아의 우크라이나 침공으로 시작된 전쟁이 장기화되고, 동부 지역에서는 전투가 멈추지 않고 있다. 이미 수많은 사람들이 죽거나 다쳤고 러시아의 폭격으로 도시와 삶의 터전이 파괴되었다. 러시아군의 전쟁 범죄 증거들도 밝혀지고 있다. 국제앰네스티 조사에 따르면 러시아군이 비인도적인 무기인 확산탄(Cluster Bomb)을 사용한 정황도 포착되었다고 한다.

전쟁이 장기화될수록 피해는 늘어나고 서로에 대한 증오와 불신도 커진다. 그리고 이는 다시 적대감으로 이어져 전쟁을 키울 뿐이다. 무기 지원과 같은 군사적 해법으로는 이러한 폭력의 악순환을 끊을 수 없다. 하루빨리 휴전에 합의하고 평화협상을 재개하는 것이 필요하다. 그러나 그동안 미국과 유럽 등 서방 국가들은 휴전과 평화 협상을 위한 중재보다는 우크라이나에 대한 군사적 지원에 힘써왔다.

무기 지원은 '우크라이나의 승리'를 위해 필요하다는 명분이지만, 우리는 '전쟁에는 승자가 없다'는 사실을 다시 한번 강조한다. 아프가니스탄, 이라크, 시리아 전쟁 등 21세기 우리가 목도한 모든 전쟁에서 완벽한 승자는 없었고 죽음과 고통, 폭력의 악순환이 남았다. 더 많은 국가의 더 많은 군사적 개입은 전쟁을 격화하거나 확대하고, 회복하기 어려운 피해를 남길 것이다. 전쟁이 길어지고 무기 사용이 늘어날수록 이득을 보는 것은 방산업체뿐이다. 지금 필요한 것은 러시아와 우크라이나 양측이 즉각 전투를 중단하고 휴전에 합의하여, 진정성 있게 평화 협상에 임하는 것이다.

한국 정부는 우크라이나에 대한 무기 지원 검토를 즉각 중단해야 한다. 지원 무기가 구체적으로 특정되지는 않았지만, 국군이 사용하는 것이 아닌 이상 대외무역법, 전략물자수출입고시 등 국내법상 방위사업청장의 허가가 필요하다. 허가의 핵심적 기준은 "해당 물품 등이 평화적 목적에 사용되는 경우"로만 제한된다. 현재 교전 중인 국가 일방에 대한 무기 지원은 해당 무기가 곧바로 살상을 위한 목적으로 사용된다는 것이 명백하기에 "평화적 목적"이라는 허가 기준에 전혀 부합할 수 없다. 캐나다 등을 통한 우회 지원 역시 사실상 전략물자 수출입을 통제하는 국내법을 무력화하는 매우 나쁜 선례만을 남길 뿐이다.

살상 무기 지원이 아니더라도 한국 정부가 우크라이나의 평화를 위해 할 수 있고, 해야 할 일은 많다. 우크라이나와 러시아가 휴전에 합의하고 러시아군이 병력을 철수하며 평화 협상을 통해 양국의 안전 보장 문제를 논의할 수 있도록 중재를 위한 외교력을 발휘해야 한다. 더불어 전쟁 피해자와 난민들을 위한 인도적 지원을 확대하고, 평화적인 재건을 위한 노력도 함께 해야 한다.

이에 우리 한국 정부에 아래와 같이 요구한다.

우크라이나 살상 무기 지원 검토를 중단하라!
우크라이나 무기 지원이 아니라 인도적 지원 확대를 위해 노력하라!
러시아와 우크라이나의 즉각적인 휴전과 평화 협상을 위해 외교적 노력을 다하라!

2022년 6월 21일

참여한 89개 한국 종교·시민사회단체

(재)성프란치스코평화센터, 5·18기념재단, 가르멜재속회, 가톨릭기후행동, 거룩한 열정의 딸 수도회, 건강권실현을위한보건의료단체연합 (건강권실현을위한행동하는간호사회, 건강사회를위한약사회, 건강사회를위한치과의사회, 노동건강연대, 인도주의실천의사협의회, 참의료실현청년한의사회), 경동건설 고 정순규 유가족 모임, 고대문화편집위원회, 고양YMCA, 공적인사적모임, 국제기후종교시민네트워크, 기독여민회, 나눔문화, 다소니자립생활센터, 답엘에스: DAP LS, 대전충청 비건커뮤니티 아삭아삭, 마리아의 종 수녀회, 문화연대, 미디어기독연대, 민달팽이유니온, 민주사회를 위한 변호사모임, 민주평등사회를 위한 전국 교수연구자협의회, 베네딕도수녀회, 부여환경연대, 사단법인 청년김대중, 사단법인이주노동희망센터, 서울인권영화제, 성가소비녀회 인천관구, 성바오로딸수도회, 성베네딕도 수도원, 수원환경운동센터, 스승예수제자수녀회, 시민모임 독립, 시민

모임 즐거운교육상상, 신대승네트워크, 언니들의병원놀이, 여성평화운동네트워크, 열린군대를위한시민연대, 영원한 도움의 성모 수도회, 예수성심전교 수녀회, 예수성심시녀회, 예수의까리따스수녀회, 예수회, 예숨공동체, 올리베따노 성 베네딕도 수녀회, 우롱센텐스, 울산교사노조 평화통일위원회, 이윤보다인간을, 인권교육센터 '들', 인권운동네트워크 바람, 인천전교가르멜재속회, 일본군성노예제문제해결을위한 정의기억연대, 작은형제회 JPIC, 재속프란치스코 인천지구 보나벤투라형제회, 전교가르멜 재속회, 전교가르멜수녀회 재속회, 전국교수노동조합, 전국민주노동조합총연맹, 전국중등교사노동조합, 전국특수교사노동조합, 전북평화와인권연대, 전쟁없는세상, 제주평화인권센터, 젠더정치연구소 여.세.연, 지리산필름, 진보 3.0, 착한목자수녀회, 참여연대, 창작제작소 선, 책방토닥토닥, 천주교예수회 인권연대연구센터, 천주교 예수회 JPIC위원회, 천주교 주교회의 정의평화위원회, 툿찡베네딕도수녀원, 평택평화센터, 평화네트워크, 평화를만드는여성회, 평화바다, 플랫폼C, 피스모모, 한국 천주교 여자수도회 장상연합회, 한국다양성연구소, 한국비정규교수노동조합, 한국순교복자수녀회, 한국순교복자수녀회 수원관구, 한국인터넷기자협회, 행동하는성소수자인권연대, 환경운동연합, KIN(지구촌동포연대)

부록 6
"이것이 우크라이나 사태의 해답이다"[01]

- 촘스키 인터뷰 전문

Q: 누가 세계를 지배합니까?

A: 그 질문에 간단명쾌한 답은 없습니다. 2차 세계대전 이후 힘의 분배가 있었지요. 그 힘이 미국의 손에서 벗어난 적은 없었습니다. 그러나 어느 정도는 미국의 동맹국들이 함께 하고 있었지요. 오늘날 이러한 상황에서 본다면 한 가지 예외 상황이 있습니다. 그것은 경제적으로, 군사적으로 부상하는 중국입니다. 중국은 모든 측면에서 미국을 따라오려면 아직 멀었습니다. 하지만 현재 미국과 중국은 갈등 상황에 있습니다. 그리고 그 갈등 상황은 중국 국경에서 벌어지고 있는 것이지, 미국 국경에서는 아닙니다. 최근의 미국 정책은 소위 '중국 포위 전략'이라 불리며, 그 정책의 기간은 정해져 있지 않습니다. 미국은 센티널 국가들의 고리로 중국을 포위하고 싶어합니다. 말하자면, 대한민국, 일본, 호주, 뉴질랜드, 싱가포르

---

01 이 책은 촘스키 교수의 다양한 인터뷰를 근거로 만들어진 책이지만 책의 내용에 준해서 일부씩 인용되었다. 그의 인터뷰 전문을 독자가 읽어봄으로써 전체적인 맥락과 촘스키 교수의 메시지를 보다 정확히 느낄 수 있는 하나의 인터뷰 전문을 싣는다. 이 인터뷰는 보스니아 FACE HD TV 방송국에서 진행한 것으로 답변은 모두 촘스키 교수의 것이다.
This is a solution for the Ukrainian crisis!The humankind is threatened by destruction
https://www.youtube.com/watch?v=QG2DkmutYTc&t=334s

등의 국가들로 하여금 중국을 포위하도록 배치하는 것이지요. 이것은 이미 끝났습니다. 또한 중국을 향해 미사일 시스템을 배치하는 것도 끝났지요. 이것은 중국을 겨냥한 더 나은 정밀유도 미사일로 개선되겠지요. 미국은 호주에 핵잠수함 함대를 배치했습니다. 그리고 감지되지 않고 중국 항구에 들어가서 중국 함대를 격파시킬 수 있다고 광고했지요. 대표적 미국 핵잠수함인 트라이던트 잠수함은 세계 어느 곳에서라도 대략 200개의 도시를 파괴할 수 있는 능력을 가지고 있습니다. 이 잠수함은 더욱 파워풀한 버지니아급 잠수함에서 개발되고 있습니다. 중국은 이러한 핵잠수함이 없습니다. 미국은 세계 각국에 800여 군사 기지를 가지고 있으나, 중국은 지부티에 단 한 개의 군사기지를 가지고 있습니다. 경제적 용어로 이야기하자면, 구매력으로 볼 때 중국 경제는 대략 미국과 유사하지만, 일인당 국민소득으로 볼 때 미국에 한참 뒤떨어집니다. 중국은 서방세계가 직면하지 않은 거대한 내적인 문제를 안고 있습니다. 그러나 중국은 부상하는 파워이고, 미국은 중국을 위협으로 간주하고 있습니다. 그러나 누가 보더라도, 미국은 세계에서 가장 강력한 국가입니다. 이러한 파워는 지난 몇 주 동안 블라디미르 푸틴의 우크라이나 침공에 있어 더욱 강력함을 보이고 있습니다. 푸틴의 침공은 러시아인의 시각으로 볼 때도 매우 어리석은 행동입니다. 범죄행위라는 것을 차치하고서도 이것은 유럽을 미국의 손아귀로 몰아넣은 것입니다. 유럽은 현재 미국에 매우 종속적인 상황입니다. 여러분들은 이것이 얼마나 중요한 이슈인지를 염두에 두어야 합니다. 제2차 세계 대전 이래 냉전을 거치면서 유럽이 글로벌 관계에 있어 독립적인 세력이 될 것인지 여부가 관건입니다. 미국으로부터 독립한 제3의 세력이 될 것인지, 아니면 계속 미국에 종속될 것인지 말입니다. 이것은 여러 해 동안 논쟁거리였습니다. 샤를 드골이 제안한 독립 개념과 '대서양에서 우랄까지'라는 정치적 유럽의 전체적 비전, 그리고 소비에트가 붕괴되던 시기 고르바초프가 제안한 '리스본에서 블라디보스톡까지'라는 '유럽, 공동의 집' 개념들이 모두 이와 관련되어 있습니다. 몇몇 미국 대통령들은 90년대 초반에 소위 '평화를 위한 파트너십'을 제안했는데, 부시 대통령은 이러한 측면에서 매우 적극적이었습니다. 그러나 클린턴 대통령이 폴란드, 헝가리, 체코슬로바키아 등 비세그라드 나라들을 나토에 가입시키려고 고집했을 때 이 개념은 많이 훼손되었습니다. 이것이 90년대 중반이었습니다. 거기에는 미국 관료들의 거센 반발이 있었습니다. 조지 케

년, 헨리 키신저 등 많은 관료들은 이것이 매우 위험하고 무모한 행동이라고 경고했습니다. 나는 디테일한 것을 이야기하지는 않을 것이지만, 결국 2021년 9월 침공이 있기 몇 달 전, 부시 행정부는 우크라이나에게 나토의 문을 열어준 공식적 정책을 천명했습니다. 그리고 향상된 멤버십 프로그램으로 나토와의 군사작전 증대를 요구했습니다. 군사무기를 증대시킨 합동군사 훈련을 한 것입니다. 조지아와 우크라이나가 러시아의 레드라인이라는 것은 이미 서방에서 오랫동안 인지되어왔던 사실이며, 옐친, 고르바초프, 푸틴, 이들 모두 알고 있었던 사실입니다. 그런데, 유럽의 독립 이슈가 안정되었을 때, 푸틴의 침공이 이루어진 것입니다. 유럽은 이제 소위 대서양의 나토 프레임 속에서 미국에 종속될 수 밖에 없어진 것입니다. 이것은 미국에게 엄청난 선물을 준 것과 다름없습니다. 다시 누가 세계를 지배할 것인지에 대한 질문으로 돌아가봅시다. 이것은 힘의 균형이 변화되었음을 뜻합니다. 이러한 상황은 미국이 매우 편안하게 세계의 지배적인 위치를 차지하도록 했습니다. 물론 많은 현상들이 벌어지고 있습니다. 중국은 확장되고 있고, 체계적인 확장은 중앙아시아, 남아시아, 아프리카, 심지어 라틴아메리카까지 통합 시스템을 갖추고 있습니다. 다시 말해, 세계의 이러한 부분들이 통합되면서 중국 토대의 경제 시스템으로 통합되고 있는 것입니다. 해상실크로드, 터키나 중앙 유럽에 이르기까지 다양한 시스템들이 통합되고 있습니다. 이것이 현재 이루어지고 있는 일입니다. 그리고 현재 러시아는 국제문제에서 주요 세력으로 부상하고 있습니다. 군사력에 있어서뿐만 아니라 거대한 정부 시스템까지, 거기에 중국까지 합세하고 있는 것입니다. 세계에는 많은 복잡한 발전국가들이 있습니다. 간단하게 답하자면 미국은 많은 도전을 받고 있으나 압도적으로 지배적인 위치를 점하고 있습니다.

Q: 새로운 세계는 옵니까? 우크라이나 사태와 관련하여 우리에게 남겨진 선택지는 무엇입니까?

A: 이것은 재고의 여지 없이 선택의 문제입니다. 우리가 행동하는 것은 모든 국면에서 세계에 영향을 끼칠 것입니다. 다시 우크라이나를 보십시오. 우크라이나인들의 가장 위험한 상황은 잔인무도한 공격에 고통받고 있다는 것입니다. 하지만 더 객관적으로 말하자면, 이것은 러시아와 나토 사이의 분쟁이 초래한 위험입니다.

인류의 멸종을 의미하는 핵전쟁까지 초래할 수 있습니다. 이것은 결코 작은 이슈가 아닙니다.

우크라이나와의 분쟁에 있어 본질적으로 위기 극복의 두 가지 방법이 있습니다. 한 가지 방법은 협상을 통한 합의입니다. 다른 하나는 한쪽이 다른 한쪽을 파멸시키는 것입니다. 그리고 파멸되는 쪽은 명백히 러시아가 아닐 것입니다. 그들은 훨씬 강하니, 아마 우크라이나가 되겠지요. 그러나 만일 푸틴과 그의 세력들이 궁지에 몰리게 된다면, 다시 말해, 그들이 출구를 찾지 못한다면, 아마도 그들은 그들이 할 수 있는 모든 능력들을 활용하려고 하겠지요. 그들은 우크라이나를 파괴할 수 있는 능력을 가지고 있습니다. 그것들이 지상에서 효과적인 군사력을 보여주지 못했지만, 그들은 확실히 엄청난 파괴 능력을 보유하고 있습니다. 현재 우크라이나인들의 운명에 대해서 걱정하는 사람들이라면, 러시아의 리더십이 궁지에 몰려 모든 파괴 능력을 사용하기로 결심했을 때 어떠한 일이 벌어질지 보기 위한 실험을 하지는 않을 것입니다. 그들이 정말 우크라이나인들의 안위를 걱정한다면 이러한 종류의 실험이 실행되지 않기를 바라겠지요. 핵전쟁으로 나아갈 가능성은 말할 필요도 없습니다. 따라서 이성적인 관점에서 우리는 협상과 외교로 나아가야 합니다. 여기에는 이 과정을 촉진시킬 수 있는 두 나라가 있습니다. 이 두 세계 주요국가는 바로 중국과 미국입니다. 중국은 거절했습니다. 중국은 손을 떼고 싶어 하며, 그들은 이것을 명백히 밝혔습니다. 그들은 이미 이에 대해 신랄하게 비난받았습니다. 다른 한 나라는 미국입니다. 미국도 본질적으로는 같은 노선을 가지고 있습니다. 협상하기를 거절하고 있는 것이지요. 사실 협상을 이끌어 내고, 그것을 공식적 입장으로 취한다는 것은 매우 어려운 일입니다. 미국은, 더 이상 탈출구가 없으니 우크라이나의 파괴를 포함하여 원하는 대로 하라고 푸틴에게 명확히 말하고 있습니다. 나는 이것에 반대합니다. 이것은 극도로 위험한 일입니다.

다른 가능성은 협상입니다. 이것이야말로 우리가 찾을 수 있는, 그리고 노력할 수 있는 유일한 방법입니다. 협상을 통한 해결책의 기본 구조는 오랫동안 명백했습니다. 만일 협상이 미국에 의해 추구되었다면, 침공을 막았을 수도 있었습니다. 얼마나 많은 가능성이 남아있는지는 저도 잘 모르겠습니다. 하지만 기본적인 윤곽은 명확합니다. 우크라이나의 중립화, 이것이 메인 포인트입니다. 이것은 우크라이나가 멕시코와 같은 지위를 갖게 됨을 의미합니다. 주권국가이지만, 다른 나라와 군사동맹을 맺을 수 없습니다. 중국은 국제 군사 시스템을 기반으로 하고 있으나 군사훈련을 할 수 없습니다. 중국 군대는 미국 국경을 따라 멕시코에 중무기를 배치할 수 없습니다. 이것은 말할 필요가 없는 당연한 일입니다. 또는 호주와 같은 지위를 획득하게 되는데, 호주는 냉전시대를 통틀어 중립적이었으나 그 자주권은 전혀 영향받지 않았습니다. 따라서 이것이야말로 우크라이나에 있어 핵심 이슈입니다. 2차적인 이슈들은 젤렌스키 대통령이 제안한 것들을 단순히 따르는 것입니다. 우크라이나의 중립화가 이루어지면, 크림 반도 이슈는 나중으로 미뤄도 됩니다. 이것은 현재 벌어지는 사태에서 논의되어야 할 필요가 없습니다. 그리고 돈바스 지역의 자치권 형태도 마찬가지입니다. 러시아군이 이미 들어가 있는 지역임에도 불구하고 말입니다. 이 이슈를 다루는 최상의 방법은 국제적으로 지켜보는 가운데 이루어지는 국민투표입니다. 이것이 달성 가능할까요? 아마도요. 우리는 잘 모릅니다. 최상의 해결책은 우크라이나 연방국 내에서 연방협정을 가지고 진행하는 것입니다. 스위스나 벨기에처럼 말입니다. 가능하겠냐고요? 이것이 유일한 방법입니다. 진지한 협상에 참여하여 동의를 구함으로써 찾을 수 있는 유일한 방법입니다. 이미 말한 바와 같이 중국도 포기하고, 미국도 포기한다면 이제 우크라이나인들에게, 그리고 세계의 모든 사람들에게 남는 것은 거대한 위험의 상황뿐입니다. 그러나 이것은 미래가 어떻게 될 것인지에 대한 단 한 부분에 지나지 않습니다.

  거기에는 많은 다른 것들이 있습니다. 우리는 세계가 존재론적 위기에 직면하고 있다는 사실을 기억해야만 합니다. 만일 이 위기가 빠른 시일 내에 처리되지 않는다면 지구상에 있는 조직된 인간의 삶은 종말을 맞이하게 될 것입니다. 이것은 기후 파괴로 인해 기인한 위기입니다. 우리는 몇 주 전, 과학자들의 국제조직인 IPCC의 최근 리포트에서 지금이 아니면 절대 안된다고 매우 노골적으로 말하고 있는 것을 보았습니다. 지금 당장 화석연료 사용을 확연히 줄이고 매년 체계적으로, 수십년 안에 화석연료 사용을 끝낼 때까지 줄여나가야만 합니다. 만일 그렇게 하지 않는다면, 우리는 재앙으로 나아가는 것입니다. 아주 심각한 재앙으로요. 이것은 모든 사람들이 동시에 죽는 것을 의미하는 것이 아닙니다. 우리가 티핑포인트에 도달하게 되는 세계로 나아가고 있음을 의미합니다. 그리고 지금 현재에도 우리는 재앙으로 이동하고 있습니다. 우크라이나 침공, 이것의 가장 무서운 영향 중 하나는 이 화석연료를 줄이려는 과정을 역행하고 있다는 것입니다. 이것이 전에 잘 진행되고 있지는 않았습니다. 하지만, 명확하고 형식적인 시도들이 있었습니다. 지구를 살리기 위해 해야만 하는 것들을 시도했지요. 하지만 이제 거꾸로 가고 있습니다. 바로 오늘 아침, 바이든 대통령은 미국에서 석유생산을 증대하겠다고 발표했습니다. 이것은 화석연료 사용을 증대시키는 것으로 우리를 파멸로 이끄는 것입니다. … 그것이 지구상의 인류의 삶을 파괴시키는 것이기 때문입니다. 이것이 실제 우리가 처한 상황입니다. 우리는 핵전쟁의 심각한 위협에 직면해 있고, 이것이야말로 인류의 종착역이 될 것입니다. 우리는 진보해 왔습니다. 그런데 우크라이나 전쟁 덕분에 우리는 문명화된 인류의 삶을 구하는 과정과는 반대로 가고 있습니다. 우리는 눈을 똑바로 뜬 채 공기 중에 극약을 퍼붓는 경주를 하고 있는 것입니다. 이것은 재앙적 영향을 끼칠 것이고요. 바로 이것이 지구에게 닥친 미래입니다. 만일 우리가 신속하게 이와 같은 역행을 멈추지 않는다면 말이죠.

Q: 핵전쟁은 일어날 수 있습니까?
A: 환경적 재앙, 결과적 문명의 종말, 대홍수, 핵위협, 핵전쟁은 지구에 인류가 계속되기를 원하는 그 어떤 사람에게도 옵션이 될 수 없습니다. 우리는 핵이 모든 강대국들 사이에서 모든 것을 파괴하리라는 것을 잘 알고 있습니다. 먼저 핵을 발사하는 나라는 핵겨울의 영향만을 보더라도 반드시 멸망하게 될 것입니다. 불행하게도 이것은 가능한 이야기입니다. 최신 여론조사에 따르면 미국인의 삼분의 일이, 우리는 핵전쟁이 벌어져도 우크라이나 전쟁에 참전해야 한다고 답했다고 합니다. 그들은 의회에서, 미디어에서 하는 말들을 경청하고 있는 것입니다. 우리는 러시아인들을 벌주기 위해 핵전쟁의 위협을 감당해야만 하는 것입니다. 이것이 핵전쟁의 위협을 의미하는 데도, 우크라이나인들을 구하기 위해 러시아인들을 벌주어야 하는 것입니다. 다행스럽게도, 미국 정부의 평화를 관장하는 펜타곤(국방부)은 지금까지 이것에 거부권을 행사해왔습니다. 미국방부는 우크라이나의 비행금지구역 요구에도 거부권을 행사했습니다. 아무리 하원의원들과 뉴스의 논설위원들은 이해를 못해도, 미국방부는 비행금지구역이 러시아 내 대공 설

치물을 공격하는 것과 다름 없다는 것을 이해하고 있는 것입니다. 그렇다면 푸틴 대통령은 이에 대해 어떻게 대응하겠습니까? 아마도 그는 아무 문제없다고, 감사하다고 말하겠지요. 또는 이것이 공격을 확대시킬 수도 있습니다. 뇌가 제기능을 하는 사람이라면 이러한 모험을 걸지는 않겠지요. 하지만 여러분은 시사평론가라는 사람들이 그렇게 이야기하는 것을 많이 들어보았을 것입니다. 미국방부가 거부권을 행사한 것은 얼마나 다행인지 모릅니다. 하지만 그것이 얼마나 오래 갈지는 아무도 모릅니다. 우리는 비이성적인 히스테리 세상에 살고 있기 때문입니다. 여러분은 미국 언론에서 사설들을 읽습니다. 사설들, 헤드라인들… '러시아는 파괴되어야 한다', '러시아는 로마제국 하의 카르타고의 운명에 처해져야 한다', '러시아는 멸망해야 마땅하다' 등. 자유 언론, 좌익에 치우친 사람들조차도 러시아는 영원히 고립되어야 한다고 말합니다. 이것은 전쟁에 저항하기 위해 자신의 생명을 걸고 있는 용감한 러시아인들도 포함시키는 것입니다. 그들도 영원히 고립되어야 하는 것입니다. 'Russia delenda est.'(러시아는 파괴되어야 한다) 러시아가 파괴되던지 우크라이나가 파괴되던지 간에 우리는 러시아를 처벌해야 합니다. 우리가 이러한 정책을 계속한다면, 우크라이나는 파괴되겠지요. 그리고 이 상황은 핵전쟁의 종말을 위협하겠지요. 이것이 히스테리입니다. 그리고 이것은 유럽 전역에도 확산되어 있습니다. 며칠 전, 나는 이탈리아에 있는 친구로부터 편지 한 통을 받았습니다. 이탈리아 대학에 교수로 있는 그 친구는 내게 말하길 도스토옙스키에 관한 자신의 강의를 폐강시켰는데, 이유는 러시아인을 벌주기 위해 일부러 그랬다는 것입니다. 러시아 고양이들은 국제고양이축제에서 제외되었습니다. 이것이 우크라이나를 파괴에서 구하는 것입니까? 우리는 서구의 비이성적 히스테리의 동향에 있습니다. 다행스럽게도 거기에는 정상적인 목소리들도 있습니다. 하지만 그들은 구석으로 내몰리기 일쑤입니다. 심지어 존경받는 분들의 이야기조차 그렇습니다. 그들은 이러한 히스테리 속에서 중심에 서지 못합니다. '아무리 우리 모두가 파괴될지라도 단 한 명의 우크라이나인까지도 러시아를 혼쭐내자.' 원래의 취지로 돌아가서, 나는 우리가 인간 역사에 있어서 이보다 더 위험한 순간이 있었는지 모르겠습니다. 쿠바미사일 위기 당시 때와 유사한 상황입니다.

Q: 유럽에서 전쟁이 일어날 가능성도 있습니까?

A: 많은 가능성이 있습니다. 우리가 집중해야 할 것은 어떻게 우리가 최악의 결과를 막을 수 있는가 입니다. 그리고 우리가 더 나은 결과, 더 나은 세상에 대한 가능성을 개진시키기 위해 무엇을 할 수 있는가 하는 점입니다. 제 생각에, 우리는 어떠한 더 나은 세상이 발칸국가들에, 유럽에, 우리 모두에게 존재해야 하는지 알아야 한다는 것입니다. 이것은 고르바초프의 시각에서 '유럽, 공동의 집'과 같은 개념일 수도 있습니다. 미국정부가 90년대 초반 우리에게 이야기한 것처럼 어떠한 군사동맹 없이, 우리에게 제시한 것으로 클린턴 정부가 그 정책을 전복시키기 전에 '평화를 위한 파트너십'으로 개진시킨 것입니다. 클린턴 정부는 미국정부와 독일정부가 고르바초프에게 한 확고한 약속을 파기하고 나토를 확장시켰습니다. 이것이 우리가 무엇을 지향해야 하는지 보여줍니다. 거기에는 기회가 있었습니다. 블라디미르 푸틴은 사실 20년 전에 러시아를 나토에 통합시킬 것을 제안했었습니다. 그러면 이것은 군사동맹이 아니라 정치적 동맹이 되었을 것입니다. 그것은 가능한 일이었습니다. 지금 이것은 가능할까요. 확신할 수 없습니다. 그러나 이것이야말로 발칸국가들이나 우크라이나, 유럽에게 있어서 완전한 파괴의 위협에서 탈피할 수 있는 유일한 방법입니다. 따라서 우리는 이러한 가능성들을 가능한 한 많이 탐구해야만 합니다. 만일 우리가 역사를 거슬러 본다면, 미국 외교사에서 가장 존경받는 인물 중 한 명인 차스 프리먼 대사를 볼 수 있는데, 그는 이 평화 협정의 파트너십에 참여한 인물입니다. 그는 최근에 1814년 비엔나 조약을 우리에게 상기시켰습니다. 이 비엔나 조약에서 유럽은 패전국들에 평화적 해결책을 가져오기로 동의했습니다. 프랑스, 즉 나폴레옹의 프랑스는 유럽을 정복하려는 시도에서 대패했고, 이에 프랑스는 패전국이었으나 이해와 화해가 제공되었습니다. 거기에서 평화가 이루어져 전쟁 국가들 사이에서 화해가 제공되었습니다. 사실 이것은 성공적이었습니다. 이것은 한 세기 전체는 아니었지만, 거의 한 세기 동안 유럽에 평화를 주었습니다. 유럽 역사에 있어서 매우 독특한 부분입니다. 물론 제1차 세계대전 이후 이 교훈은 기억되지 않았습니다. 패전국인 독일에게는 편의가 제공되지 않았습니다. 독일은 처벌받았고, 독일은 우리에게 아돌프 히틀러를 넘겼습니다. 제2차 세계대전 이후 이미 말한 것처럼, 러시아를 군사동맹 없이 유럽 시스템으로 합병시키려는 시도들이 있었고, 1990년대 초에 양측에 의해 다시 갱신되었습니다. 고르바초프에 의해서 '유럽, 공동의 집'이라는 모토로 유럽

을 향한 요청이 있었고, 아버지 부시에 의해 '평화를 위한 파트너십'을 위한 시도가 있었습니다. 하지만 불운하게도 이러한 기회는 클린턴의 나토 확장에 의해서 상실되었습니다. 2000년대 초기에 푸틴의 제안에 의한 또다른 기회들이 있었으나 역시 상실되었습니다. 우리는 지금 또 같은 상황에 있습니다. 하지만 훨씬 위험하고 무서운 상황입니다. 왜냐하면 우크라이나에서의 위협적인 상황 때문에, 핵전쟁의 위협이 배경에 있기 때문에, 화석연료 사용을 없애려는 불가피한 노력에 역행하고 있기 때문입니다. 이것은 너무 압도적이어서 아무리 강조해도 부족하지 않습니다. 만일 우리가 해야만 하는 일들을 하지 않는다면 우리는 지구상의 인류 멸망이라는 상황으로 전진하게 되는 것입니다. 인류가 시도할 수 있는 것의 종말이며, 돌이킬 수 없습니다.

Q: 미국과 나토가 세계를 구할 수 있습니까?
A: 우리는 유럽 도시들에서 이야기된 바를 유심히 살펴보아야 합니다. 특히, 서부유럽의 논설가들이, 군사전문가들이, 시민들이 뭐라고 이야기하는지를 잘 들어봐야 합니다. 그들이 이야기하는 것을 살펴보는 것은 꽤 흥미롭습니다. 그들은 두 가지 입장을 견지하고 있습니다. 하나의 입장은 우크라이나에서의 푸틴의 실패는 러시아 군대가 종이호랑이에 지나지 않는다, 즉 무능력하다는 것을 입증한다고 말합니다. 러시아는 국방력이 부실하며 무능력하다는 것이죠. 러시아는 국경에서 불과 30km 떨어진 도시들조차 점령하지 못했고, 그 도시들은 시민들에 의해 방어되었다고 말합니다. 그들은 러시아 군대가 아무것도 얻은 것이 없다고 그들의 실패에 대해 말합니다. 러시아가 종이호랑이임이 드러났다고 말합니다. 이것이 한 가지 입장입니다. 또 다른 입장은 동시에 러시아가 나토를 압도할 정도의 특별한 군사적 위협을 지니고 있는 나라라고 말합니다. 엄청난 군사적 동맹을 가지고 있으며, 서유럽을 정복할 수 있고, 미국을 사라지게 만들 수 있는, 미국의 군사력을 압도할 수 있다고 말합니다. 러시아는 한편으로 국경 근처의 도시도 정복하지 못하는 종이호랑이고, 다른 한편으로는 서방을 압도하는 위협적인 거대한 몬스터인 것입니다. 따라서 서방은 재무장해야 하고, 스웨덴과 핀란드는 나토에 가입해야 합니다. 이 엄청난 몬스터의 괴력으로부터 자신들을 보호해야 하니까요. 발칸 국가에 대해서도 유사한 의문들이 있습니다. 서방이 이끄는 대로 내부에서 벌

어지는 두 가지 입장이 있는 것이지요. 이것으로부터 어떠한 결론을 이끌어내시 겠습니까? 유일한 정상적인 결론은 유럽의 지도자들이 미쳐가고 있다는 것입니다. 완전히 제정신이 아닙니다. 그들은 완벽한 히스테리 증상 속에 있습니다. 그들은 러시아를 처벌하기 위한 히스테리컬한 요구에 사로잡혀 있습니다. '러시아는 파괴되어야 한다.' 그들은 생각할 수가 없습니다. 이것은 극도로 위험한 상황입니다. 지도자들이, 언론의 논설가들이, 군사분석가들이 히스테리 상태에 빠지게 되면 이 세계는 위험에 놓이게 되는 것입니다. 그런데 이것은 예전에도 벌어진 적이 있습니다. 제1차 세계대전과 다른 주요 사태들을 이끌었던 것이 그것입니다. 이것들은 우리가 진지하고 이성적으로 생각해야만 하는 순간들입니다. 이것들은 히스테리컬한 환상만으로 실행되지는 않습니다. 대답은 매우 명백합니다. 우리는 기회를 개척해야만 합니다. 우리는 인정해야만 합니다. 러시아 군대는 지상에서 효과적인 작전을 수행할 능력이 없다는 것을 보여주었고, 시민들과 싸우지도 못합니다. 그러나 러시아는 파괴할 수 있는 능력을 가지고 있습니다. 우크라이나뿐만 아니라 전 세계를 파괴할 수 있습니다. 러시아는 그러한 능력을 가지고 있습니다. 서방의 해석에 따르면 푸틴은 무슨 짓이든 할 수 있는 뒤틀린 정신을 가진 미치광이입니다. 이것이 사실이라고 상정하더라도, 여러분은 그를 절망적인 상태로 몰아가서는 안됩니다. 왜냐하면 그는 파멸의 수단을 사용할 수도 있기 때문입니다. 여러분이 원하는 것은 그것이 아니지 않습니까. 우크라이나의 경우에도, 여러분은 외교적인 해결방안으로 나아가기를 원하고 있습니다. 이것이야말로 러시아에게 퇴로를 마련해 줄 수 있는 것입니다. 만일 여러분이 1814~15년 정치가들의 지혜를 가지고 있다면, 러시아가 고르바초프의 노선을 따라 화해의 길로 갈 수 있도록 유도해야 합니다. 이것은 젤렌스키 대통령이 제안한 것과 동떨어진 것이 아닙니다. 많은 미국의 주도적인 정치인들도 제안하고 있는 바입니다. 90년대로 돌아가 보자면, 조지 케넌, 헨리 키신저를 포함해 전, 현 CIA 국장들, 그리고 많은 외교 인사들이 조언하는 것과 젤렌스키 대통령이 제안한 것은 일치합니다. 이것이 실행가능하냐고요? 우리가 찾을 수 있는 다른 방법은 없습니다. 노력하십시오. 모든 가능성들을 시도해보십시오. 이것은 미국의 정책과 상반되며, 중국의 정책과 상반되는 것입니다. 그러나 미국 정책은 이러한 점에서 매우 의미심장합니다. 그것들은 기회들이며, 시도해야 할 옵션들입니다. 미래가 어떻게 될 것이냐고

묻는다면 우리가 추구하는 이러한 옵션들에 달려있다고 말하겠습니다.

Q: 러시아에 대한 처벌, 정당합니까?
A: 그것은 나의 입장이 아니며, 내가 그것에 대해 정당화해 줄 수 없습니다. 나의 입장은, 적절한 제재는 정당하다는 것입니다. 평화를 지향하는 제재를 뜻합니다. 그러나 이것은 의문입니다. 즉, 우리가 제재를 통해 재앙을 막을 수 있는지, 평화적 해결책으로 나아갈 수 있는지가 의문입니다. 이것은 우리가 우리 스스로에게 던져야 하는 질문이기도 합니다. 만일 적절히 처방된 제재가 압박을 발휘할 수 있다면, 내 생각에, 그것은 정당화될 수 있습니다. 하지만 만약 제재가 단순히 러시아인들을 벌주기 위해서 고안된 것이라면, 나는 이 정책을 좋아할 수는 없지요. 우리는 우리가 생각하는 어떠한 방법이든간에 평화적 해법의 가능성을 추구해야 합니다. 이것은 미국의 정책과는 정반대이겠지요. 우크라이나는 나토에 가입하기 위해 옵션을 가져야 한다는 미국의 정책을 상기해야 합니다. 러시아 지성인은 다 알고 있는 것이지요. 미국은 우크라이나 군대에 최신 무기를 제공하고, 우크라이나 군대와 함께 군사작전과 군사훈련들을 확대할 것입니다. 중국을 예로 들어 봅시다. 내가 자주 쓰는 비유를 들자면, 중국이 미국 국경에 있는 멕시코로 들어가서 멕시코의 문을 열고 멕시코에게 중국과 동맹을 맺자고 하며 미국을 겨냥한 최신무기를 멕시코에 배치한다고 생각해 봅시다. 중국 군대와 합동 군사 작전을 하고, 무기를 운용하는 방법을 전수하는 것이지요. 이 모든 것은 전혀 상상조차 할 수 없는 일입니다. 상상할 수 없지요. 만일 이러한 움직임이 조금이라도 포착된다면, 멕시코는 간단하게 연기처럼 사라질 것입니다. 이러한 비유는 꽤 타당합니다. 만약 여러분이 우크라이나가 멸망하기를 원한다면, 우리는 푸틴 대통령을 벼랑 끝으로 몰고 가기만 하면 됩니다. 출구가 없게 만드는 것이죠. 자살과 핵무기 버튼 중 하나를 선택하게 하면 됩니다. 우리가 진정 원하는 것이 이러한 실험입니까? 우리가 우크라이나인들을 걱정한다면 그렇게 해서는 안됩니다. 서구의 정책이 무엇을 주장하는지 기억해야 합니다. 그들은 푸틴이 어떤 짓이든 할 수 있는 미치광이라고 주장하고 있습니다. 그래서 그들은 푸틴에게 퇴로를 열어줄 협상 타결안을 거부해야 한다고 말합니다. 그리고 이 미치광이가 그의 능력을 쓰도록 만들자고 합니다. 그는 우크라이나를 파괴하고 핵전쟁으로 우리를 위

협하겠죠. 이것은 우리로 하여금 제1차 세계대전과 내가 이미 언급했던 다른 예들을 상기시키게 합니다. 지금 이러한 위험은 우크라이나, 발칸 국가들, 전 세계에 있어 매우 심각한 수위에 있습니다. 따라서 이성적이고 주의 깊게 우리가 무엇을 하고 있는지 생각해보기를 바랍니다. 또한 존재하는 옵션들을 맡고, 그것들이 제대로 역할을 할 수 있는지 없는지를 확인하기를 바랍니다. 젤렌스키 대통령이 설계한 노선을 따라 정치적 협상으로 나아갈 수 있는지 여부를 따져보아야 합니다. 우리가 할 수 있겠냐고요? 이것이 우리가 할 수 있는 유일한 방법입니다. 시도하십시오. 다른 방법은 모든 노력을 차단하고 최악의 사태에 일어날 수 있는 일을 만드는 것입니다. 이것들이 우리 앞에 놓여있는 선택들입니다.

Q: 이번 전쟁에서 어떠한 결론을 예측하십니까?

A: 사실, 만일 나를 외계의 관찰자로 상정하고 지구에서 벌어지고 있는 일을 보고 있다고 한다면, 소름이 끼칠 것 같습니다. 인간이라는 종족이 지구를 보존하고 더 나은 세상을 만드는 결정을 내리는 데 있어 이렇게 무능하다는 점에 충격을 받을 것입니다. 더 나은 세상은커녕 재앙으로 몰고가고 있습니다. 이러한 과정이 뒤바뀔 수 있을까요? 그것은 우리 손에 달려 있습니다. 여러분의 손에, 내 손에, 우리 모두의 손에 달려 있습니다. 이 재앙을 향한 질주를 종식시키고자 하는 대중적이고 사회적인 운동을 만들고 사람들을 동원할 수 있을까요? 이미 했습니다. 과거에 한 적이 있습니다. 명백한 예를 들어볼까요. 그리 오래되지 않았습니다. 1980년대, 당신은 기억하실 겁니다. 재앙으로 향해 돌진하는 위협적인 경주가 있었지요. 미국은 당시 최신 미사일인 퍼싱미사일을 유럽에 배치하려고 했습니다. 이것은 모스크바까지 5~10분 걸리는 미사일이었습니다. 러시아도 똑같이 행동했습니다. 그들은 서유럽을 공격할 수 있는 단거리 미사일을 배치했습니다. 이것은 전쟁의 위협을 매우 증대시켰습니다. 전쟁으로 갈 수 있었던 세계사적 사건들 중 매우 긴장이 높았던 시기였습니다. 이때 유럽과 미국에서 이것에 반대하는 거대한 대중 운동이 일어났습니다. 미국에 있어서 인류 역사상 가장 큰 시위였습니다. 유럽에서는 '우리는 파괴되기 싫다'는 구호를 외치는 거대한 대중 시위였습니다. 이것은 커다란 영향을 끼쳤습니다. 이로 하여금 로날드 레이건과 미하일 고르바초프는 조약을 맺는 데 이르렀지요. 이것이 1987년 INF 조약으로 단거

리 미사일을 종식시키는 조약입니다. 이것은 평화적 분위기를 증대시키는 데 엄청난 성과를 거두었고, 유럽과 전 세계에 평화적인 세상으로 나아갈 수 있는 시간을 할애해 주었지요. 하지만 그들은 그 시간을 평화를 위해 쓰지 않았어요. 2018년 도널드 트럼프는 이 조약을 파기했지요. 갈기갈기 찢어버렸습니다. 그것이 무엇을 의미하는지 러시아인들에게 명확히 보여주기 위해서 그는 바로 실행에 옮겼지요. 바로, 수일 내에, 조약에 위반되는 미사일 실험을 한 것입니다. 러시아인들에게 우리가 진심이라고 말한 것이죠. 우리가 단거리 미사일로 너희들을 겁에 떨게 할 거라고… 여러분이 예상한 대로, 러시아인들은 반격했습니다. 본질적으로 똑같이 행동했습니다. 새롭고 더 진보된 군비로 보여주었죠. 이것이 실제 세계에서 벌어지고 있는 일입니다. 우리는 지금 또다른 상황에 직면해 있습니다. 우리는 1980년대 초에 행해진 것처럼 할 수 있습니다. 리더십을 요구하는 거대하고 적극적이고 더 결속된 대중 운동이 우리를 파괴시키지 않을 것입니다. 우리를, 당신을, 세계를 멸망에서 구할 수 있는 행동을 취해야 합니다. 1980년대에 있었던 것과 같은 다른 많은 실례가 있습니다. 이 예들은 많은 긍정적 에너지를 만들고 세계적 리더십의 행보를 만들어냈습니다. 레이건과 고르바초프를 동시에 움직인 것처럼. 이러한 일은 또다시 일어날 수 있습니다. 또다시 일어나야 합니다. 다른 선택지가 없습니다. 우리는 이것을 하거나 아니면 우리 모두 끝나는 겁니다.

참고 자료

참고영상

1. 우크라이나 사태의 배경
   Background to the Ukraine-Russia War, Noam Chomsky
   https://youtu.be/pQmpUG9UJDs

2. 우크라이나 – 협상된 해결방안은.
   'Ucrania: Solución Negociada. Seguridad Compartida'
   https://youtu.be/n2tTFqRtVkA

3. 우크라이나, 브렉시트, '세계사에서 가장 위험한 시간'에 대해서
   on Ukraine, Brexit and "the most dangerous time in world history"
   https://youtu.be/Fb7AD49WIlY

4. 우크라이나와 나토
   Ukraine and NATO
   https://youtu.be/YdCuW66pOQ8

5. 우크라이나 전쟁, 미디어, 프로파간다 그리고 책임
   on the Russia-Ukraine War, the Media, Propaganda, and Accountability
   https://youtu.be/8Jr0PCU4m7M

6. 우크라이나 전쟁에 관하여
   on the Russia-Ukraine War
   https://youtu.be/b0Z5sNAr8qI

7. 우크라이나 전쟁, 미디어, 프로파간다, 오웰, 뉴스픽 그리고 언어
   on the Russia-Ukraine war, The Media, Propaganda, Orwell,
   Newspeak and Language
   https://youtu.be/6YeRX6ZYXH0

8. 스웨덴, 핀란드의 나토 가입?
   "Sweden in NATO?"
   https://youtu.be/OHocgZjbgFM

9. 우크라이나와 핵 아마겟돈
   Ukraine and nuclear armageddon
   https://youtu.be/tFFlANZ7dA8

10. 우크라이나 전쟁은 미국에 의한 '미친 실험'이다
    WAR in Ukraine is "AN INSANE EXPERIMENT" by the USA!
    https://youtu.be/dCVN7iV5kVo

11. 우크라이나와 그 이상
    Ukraine and Beyond
    https://youtu.be/fY8z3k-FgEk

12. 이것이 우크라이나 사태의 해답이다! 인류는 멸망의 위기에 있다.
    This is a solution for the Ukrainian crisis!
    The humankind is threatened by destruction.
    https://youtu.be/QG2DkmutYTc

13. 존 미어샤이머와 레이 맥거번의 토론 영상
    Putin's Invasion of Ukraine Salon | Ray McGovern, John Mearsheimer
    https://youtu.be/ppD_bhWODDc

참고문헌

『21세기 정치학 대사전』
『시사상식사전』
구준모, '1980년대 유럽 평화운동', 『사회진보연대인천지부』, 2016/04 제15권
이재봉, 프레시안 기고문, 2019. 4. 5일자
한국일보, 러시아 경제제재로 푸틴 굴복 어려워… 가난한 국가만 타격', 2022, 3, 7일자
자이한, 피터. 『21세기 미국의 패권과 지정학』, 김앤김북스, 서울: 2018

촘스키, 노엄. 『촘스키, 누가 무엇으로 세상을 지배하는가』, 시대의창, 서울: 2013
------------. 『촘스키, 세상의 물음에 답하다1』, 시대의창, 서울: 2021
------------. 『촘스키, 인간이란 어떤 존재인가』, 와이즈베리, 서울: 2017

Asmus, Ronald D. "A United Germany." Foreign Affairs. Spring 1990
Griswold, Deirdre. 'Zbigniew Brzezinsky & the lies about Afghanistan'. Workers World, June 5, 2017
Knopf, Alfred A. Duty – Memoirs of a secretary at war Robert M. Gates, Random House, New York: 2014. pp.335~386
Mate, A Aron. 'US fighting Russia 'to the last Ukrainian': veteran US diplomat', Journal "The Gray Zone", March 24, 2022
Svec, Milan. "The Prague Spring: 20 Years Later." Foreign Affairs. Summer 1988
"Afghanistan: The Soviet Invasion in Retrospect," International Politics 37, no. 2, 2000, pp. 241-242. Translated from the French by William Blum and David N. Gibbs
"The Myth of the "Afghan Trap": Zbigniew Brzezinski and Afghanistan, 1978–1979" Diplomatic History, Volume 44, Issue 2, April 2020, pp. 237–264

참고사이트

나토(NATO) www.nato.int
국가안보 기록보관소(National Security Archive) www.nsarchive.gwu.edu
미 백악관(White House) www.whitehouse.gov
미 국무부(U.S. Department of State) www.state.gov

세계의 석학들,
우크라이나 사태를 말하다 - 촘스키 편

초판 발행 2022년 8월 31일

편저자 김선명

펴낸이　김선명
펴낸곳　뿌쉬킨하우스
편집　송사랑
디자인　김율하
영문 감수　Dale Kim
문서 번역　김혜수
주소　서울시 중구 퇴계로20나길 10, 신화빌딩 202호
전화　02)2237-9387
팩스　02)2238-9388
이메일　book@pushkinhouse.co.kr
홈페이지　www.pushkinhouse.co.kr
출판등록　2004년 3월 1일 제 2004-0004호

ISBN 979-11-7036-069-8　03340

Published by Pushkin House. Printed in Korea.
Copyright　ⓒ Pushkin House

* 이 책의 수익금의 일부는 촘스키 교수와의 협의에 따라 인권단체에 기부됩니다.
* 이 책은 저작권법에 의해 보호를 받는 저작물이므로 무단 전재와 무단 복제를 금합니다.